Joachim Vogel

Professionalität

Wie Profis denken und handeln

AF220302

Joachim Vogel

Professionalität

Wie Profis denken und handeln

1. Auflage

Bibliografische Information der Deutschen Nationalbibliothek:
Die Deutsche Nationalbibliothek verzeichnet diese Publikation
in der Deutschen Nationalbibliografie; detaillierte bibliografische
Daten sind im Internet über dnb.dnb.de abrufbar.

© 2022, Joachim Vogel, Ettlingen
1. Auflage

Herstellung und Verlag:
BoD – Books on Demand, Norderstedt

Umschlaggestaltung, Satz und Layout:
HOB-DESIGN, Oliver Buchmüller, Karlsruhe

ISBN: 978-3-756-23354-0 (Softcover)

Inhaltsverzeichnis

Vorwort

Vor inzwischen vielen Jahren war ich einmal zufällig dabei, als ein Ingenieur von seinen Kollegen mehr Professionalität verlangte. Ohne dass der Begriff »Professionalität« ausdrücklich erklärt wurde, wusste jeder, was er meinte.

Ich selbst bin Wirtschaftsinformatiker. Nach langen Jahren, in denen ich Software-Produkte konzipiert, programmiert und eingeführt habe, arbeite ich heute überwiegend in der Geschäftsprozess- und Organisationsentwicklung. Und ich frage mich seither bei all diesen Tätigkeiten: Wann wird etwas funktionieren, und wann wird etwas unweigerlich schiefgehen? Es hat mich immer interessiert und interessiert mich immer noch, warum das eine ein Erfolg wird und das andere nicht. Die Erkenntnisse, die ich bei diesen Überlegungen gewonnen habe, habe ich immer wieder analysiert, strukturiert und nun in diesem Buch zusammengestellt. Die Frage, die all diese Gedanken umfasst, lautet: »Was ist Professionalität?«

Im Prinzip ist es ganz einfach. Es sind nur ein paar wenige Regeln zu befolgen, um Professionalität und die damit verbundene hohe Arbeitsqualität zu erreichen. Allerdings ist das Prinzip wesentlich einfacher als die Anwendung in der Praxis, die schon etwas Aufmerksamkeit und Disziplin erfordert. Dennoch ist es überaus hilfreich, wenn man diese Regeln wenigstens schon mal kennt. Mir haben die im Buch beschriebenen Regeln und Methoden stets geholfen, auch schwierige Aufgaben zu lösen und komplizierte Projekte zum Erfolg zu führen.

Ich wünsche Ihnen hilfreiche Erkenntnisse beim Lesen und viel Erfolg bei der Anwendung der in diesem Buch beschriebenen Regeln und Vorgehensweisen. Wenn sie Ihnen auch nur einen Bruchteil des Aufwandes ersparen, den sie mir erspart haben, und auch nur einen Bruchteil der Freude bereiten, die sie mir bereitet haben, lohnt sich die Lektüre auf jeden Fall.

Joachim Vogel

1. Einleitung

Kennen Sie das? Ihre Waschmaschine ist kaputt. Sie vereinbaren einen Termin mit dem Kundendienst. Der Kundendiensttechniker – nennen wir ihn Uwe – steht genau zum verabredeten Zeitpunkt vor der Tür. Sie erklären ihm das Problem und er beginnt mit der Arbeit. An seiner Vorgehensweise erkennen Sie sofort, dass er etwas von der Sache versteht. Nach kurzer Zeit hat Uwe den Fehler gefunden, er behebt ihn, stellt die Waschmaschine wieder richtig hin und führt einen Probelauf durch. Er wischt die bei der Reparatur entstandene Wasserpfütze auf, schaut sich das Ergebnis des mittlerweile beendeten Testlaufs an und erklärt Ihnen freundlich und verständlich, was kaputt war, wie es vermutlich zur Störung kam und was er zur Behebung des Schadens gemacht hat. Dann stellt er die Rechnung, die Sie gerne akzeptieren, weil Uwe wirklich gute Arbeit geleistet hat.

Die Frage, die sich nun stellt, ist: Was macht Uwe anders als die vielen anderen, die tagtäglich zahllose Aufgaben zu erledigen haben? Wie schafft er es, Ihre Erwartungen zu erfüllen, ohne dass Sie diese detailliert formulieren und wiederholt einfordern müssen? Ist Uwe einer der wahren Profis, die genau wissen, was sie tun, wie sie am besten vorgehen und worauf es ankommt? Ist er einer von denen, die ihren Aufgabenbereich absolut souverän beherrschen? – Ja, wahrscheinlich ist er das. Und wahrscheinlich denken Sie jetzt auch, wie angenehm es doch ist, mit einem echten Profi zusammenzuarbeiten.

In diesem Buch beschreibe ich, wie ein echter Profi denkt, wie er handelt und wie er seine Arbeit so erledigt, dass ihm keiner hinterherarbeiten muss. Wenn er seine Aufgabe erfüllt hat, ist alles getan. Nichts muss nachgebessert werden, nichts wurde vergessen oder ist liegen geblieben, nichts muss nochmal gemacht werden. Und aufgeräumt ist auch. Traumhaft – für den Chef oder Auftraggeber, aber auch für Uwe. Keine Beschwerden, keine Reklamationen, kein Ärger. Einfach toll!

Schauen wir uns in den folgenden Kapiteln einmal an, wie Uwe es geschafft hat, sich eine solche Arbeitsweise anzueignen, die einen klaren Namen trägt: Professionalität. Gehen wir Schritt für Schritt die einzelnen Punkte durch, die auch uns zu Profis werden lassen. Lassen Sie sich bei der Hand nehmen und folgen Sie mir.

2. Der Sinn der Professionalität

Manchmal sagt jemand:»Das war jetzt echt professionell!« Ein andermal fragt jemand:»War das etwa professionell?« Was genau meint der eine, was meint der andere? Und woran kann man Professionalität festmachen? Ist es reine Ansichtssache, was professionell und was nicht professionell ist, und wie kann man seine diesbezügliche Beurteilung begründen? Warum ärgert uns das Unprofessionelle? Und warum freut uns das Professionelle?

Drei konkrete Situationen verdeutlichen den Sachverhalt:

- Sie sitzen in einer Arztpraxis im Wartezimmer und haben um 8 Uhr einen Termin. Um 10 Uhr sitzen Sie immer noch und warten, ohne irgendeine Information zu bekommen, obwohl Sie schon seit 30 Minuten in einem anderen Termin sein sollten.

- Im zweiten Fall holen Sie Ihr Auto von der Inspektion, und auf der Weiterfahrt bleiben Sie mit überhitztem Motor liegen, weil der Kühlerschlauch nicht richtig festgemacht wurde und sich gelöst hat.

- Am Tag darauf erwarten Sie einen Bewerber, der sich auf eine Stelle in Ihrer Abteilung beworben hat, doch er erscheint nicht zum beiderseits bestätigten Termin.

Alle drei Fälle sind zweifelsfrei als unprofessionell zu klassifizieren. Im ersten Fall beruht die Unprofessionalität auf schlechter Praxisorganisation, im zweiten Fall wird eine Arbeit mangelhaft ausgeführt und im dritten wird eine Absprache nicht eingehalten. Somit haben wir schon drei Kriterien für die Beurteilung der Professionalität von Handlungen gefunden. Nämlich Organisationsqualität, Arbeitsqualität und das Einhalten von Absprachen. Es ist also keine Ansichtssache, ob wir etwas als professionell oder unprofessionell bewerten, sondern es gibt klare, objektive Maßstäbe.

An diesen drei Beispielen ist gut zu erkennen, zu welchen Problemen es führen kann, wenn unprofessionell gearbeitet wird. So zeigt die Situation in der Arztpraxis, dass unsere eigene Zeitplanung zerstört wird, wenn jemand, vom dem wir zeitlich abhängig sind, schlecht plant oder unzuverlässig ist. Für solche Fälle müssten wir unsererseits extrem hohe Reserven einplanen oder eben selbst unzuverlässig werden, weil wir Folgetermine nicht einhalten können. Die Unprofessionalität überträgt sich so von einer Situation in die nächste.

Im zweiten Fall kann durch die schlechte Arbeit der Autowerkstatt, mal ganz abgesehen vom Zeitverlust, den wir durch das Liegenbleiben, das Abschleppen und die notwendige Folgereparatur erleiden, großer materieller Schaden entstehen, wenn etwa der Motor zu lange zu heiß wird, sich dadurch der Motorblock verzieht und weitere Folgeschäden entstehen. Wäre statt des Kühlmittelkreislaufs eine Bremsleitung leck geworden, hätten noch viel schlimmere Schäden auftreten können. In jedem Fall folgen dem eigentlichen Schaden weitere Schäden und jede Menge Ärger. Spätestens, wenn es um die Übernahme der Kosten für den Mietwagen und die Reparatur geht, wird es unangenehm.

Im dritten Fall, in dem der Bewerber die Absprache nicht eingehalten hat und nicht zum Vorstellungstermin erschienen ist, haben Sie Aufwand in einen Bewerber investiert, dem kein Nutzen entgegensteht. Sie haben sich vorbereitet, einen Raum reserviert und die Zeit für das Gespräch in Ihrem Terminkalender geblockt. Außerdem haben Sie weitere Bewerber in die Warteschleife geschickt, mit dem Risiko, dass diese sich in der Zwischenzeit anderweitig umtun. Wenn es nun ganz blöd läuft, können Sie die freie Stelle nicht besetzen.

In allen drei Fällen zeigt sich, dass Unprofessionalität mit dem unprofessionellen Tun nicht einfach vorbei ist, sondern Ärger und Aufwand nach sich zieht und immer als sehr unangenehm empfunden wird. Es entstehen Schäden, es geht Zeit verloren und es nervt, nervt, nervt!

Im umgekehrten Fall, wenn alles klappt und zuverlässig läuft, freuen wir uns. Wir können selbstbestimmt und verlässlich planen und unseren Tagesablauf frei gestalten, ohne ständig auf Störungen von anderen Seiten reagieren zu müssen. Wir können Aussagen darüber treffen, was wir tun werden, wann wir es tun werden und wann es fertig sein wird. Wir können verlässlich sein und die volle Verantwortung für unser Handeln übernehmen. Dadurch wird für uns selbst, aber auch für diejenigen, mit denen wir zusammenarbeiten, alles viel einfacher und wir kommen viel schneller zum Ziel. Wer schon einmal mit echten Profis zusammengearbeitet hat, weiß, wie angenehm das ist. Die Arbeit geht leicht von der Hand, ist motivierend und nutzbringend, und zwar nicht nur für einen selbst, sondern für das gesamte Umfeld. Alle Beteiligten kommen leicht und sicher zum Erfolg. Und das ist der Sinn der Professionalität.

3. Professionalität ist notwendig, weil ...

Bevor wir darüber nachdenken, ob und warum Professionalität notwendig ist, sollten wir uns die ureigenste Bedeutung des Wortes *notwendig* vergegenwärtigen: Es besteht aus dem Wort *Not* – gemeint ist eine bestehende oder drohende Not – und aus dem Wort *wendig*. *Wendig* bedeutet, in der Lage zu sein, sich selbst oder etwas zu wenden oder abzuwenden. Ein Schiff ist wendig, wenn es gesteuert und sein Kurs verändert werden kann. Geht das nicht, ist es nicht wendig. Das Wort *notwendig* ist dann passend und zutreffend, wenn es eine bestehende oder drohende Not gibt, die durch bestimmte Handlungen gemildert oder abgewendet werden kann. Wenn keine Not besteht, keine Not droht und es keine Maßnahmen gibt, durch die eine Not abgewendet oder gemildert werden kann, gibt es auch nichts, das notwendig wäre.

Eine Not besteht beispielsweise dann, wenn ein Unfall passiert ist und Menschen, Tiere oder Gegenstände gerettet werden müssen. Das Notwendige besteht in diesem Fall in der Rettung. Bei dieser Rettung kann eine falsche Vorgehensweise schnell zu schlimmen weiteren Schäden bis hin zum Tod führen. Eine leichtfertige, fahrlässige oder auch nur unsachgemäße Vorgehensweise wird diese Not aufrechterhalten oder gar verschlimmern. Neben der ohnehin schon bestehenden Not gibt es hier also weitere drohende Nöte, beispielsweise die, dass durch die Unfallstelle weitere Unfälle verursacht werden könnten. In dieser Situation besteht das Notwendige in der Absicherung der Unfallstelle.

In einer anderen Situation hat ein Elektriker eine Anlage derart unsachgemäß installiert, dass dadurch leicht ein Kurzschluss ausgelöst und ein Brand verursacht werden könnte. Auch hierbei handelt es sich um eine drohende Not, die schnell zu einer bestehenden Not werden kann, nämlich dann, wenn es tatsächlich zum Brand kommt.

Unsachgemäß, mangelhaft oder unvollständig ausgeführte Arbeiten, aber auch falsche Auskünfte, Unpünktlichkeit oder sonstige

Unzuverlässigkeit führen mit hoher Wahrscheinlichkeit zu Problemen oder Nöten. Dazu muss es nicht zwangsläufig kommen, aber die Wahrscheinlichkeit dafür ist eben sehr hoch.

Eine weitere drohende Not, die schnell auftreten kann, wenn man nicht professionell handelt, liegt im Vertrauensverlust. Es kann zwar immer mal was schiefgehen, auch wenn man noch so vorsichtig ist, aber wenn Schäden entstanden sind, weil unsachgemäß, leichtsinnig oder gedankenlos gearbeitet wurde, sinkt das Vertrauen in derart handelnde Personen oder Organisationen sehr schnell und kann nur schwer wiederaufgebaut werden.

Die komplexen, eng verzahnten und stringent getakteten Abläufe in der modernen Arbeitswelt vertragen solche Unzuverlässigkeit nicht und reagieren darauf sehr empfindlich. Denn wenn etwas nicht planmäßig läuft, ufert das schnell aus, mit gravierenden Folgen. Nöte drohen und Nöte entstehen. Durch echte Professionalität kann man das vermeiden. Professionalität ist notwendig, weil mit ihrer Hilfe Not verhindert und abgewendet werden kann.

4. Die vier wichtigsten Merkmale der Professionalität

An dieser Stelle betrachten wir die vier wichtigsten Merkmale professionellen Arbeitens. Diese sind:

- Aufgabentreue
- Ergebniszuverlässigkeit
- Vollständigkeit
- Pünktlichkeit

In aller Kürze zusammengefasst bedeutet das: Wir sollen an genau der Aufgabe arbeiten, die uns gestellt wurde. Die Ergebnisse sollen zuverlässig, also sachlich richtig, nachvollziehbar und überprüfbar sein. Es sollen alle Haupt- und Nebenaufgaben, die mit der Aufgabenstellung verbunden sind, vollständig erfüllt sein, und zwar so, dass uns keiner hinterherarbeiten und unsere Arbeiten nachbessern oder zu Ende bringen muss. Und schließlich muss die Aufgabe zum vorgegebenen Termin erfüllt sein. Wenn das alles erreicht ist, wurde professionell gearbeitet. Wer bei seiner Arbeit diese Forderungen im Fokus behält, hat eine sichere Orientierung hin zur Professionalität und zum Erfolg.

Im Folgenden beschreibe ich ausführlich, was unter diesen wichtigsten vier Merkmalen zu verstehen ist.

4.1 Aufgabentreue

Professionell zu arbeiten, bedeutet, dass die Erledigung einer Aufgabe die Erwartung des Aufgabenstellers erfüllt. Dann ist meine Arbeit erfolgreich. Das geht natürlich nur dann, wenn ich die Aufgabenstellung genau kenne und verstanden habe und wenn ich an genau dieser Aufgabenstellung fachgerecht arbeite, wenn ich mich genau an sie halte, nicht davon abweiche, nichts weglasse und nichts hinzufüge. Ich versuche, einen möglichst klaren Kopf zu haben und mit meinen Gedanken ganz bei der Arbeit zu sein, stelle Ablenkungen ab oder gebe ihnen nicht nach. Das gelingt mir umso besser, je mehr ich meine Aufmerksamkeit auf die eigentliche Aufgabe lenken kann.

Damit wir sicher sein können, dass wir die Aufgabe richtig verstanden haben, hilft es, eine Aufgabenklärung durchzuführen. Dabei geht es um die Frage, was im Einzelnen gefordert ist, und dass sich Aufgabensteller und Aufgabenerfüller unmissverständlich über diese Forderungen einig sind. Ohne diese Klärung geht das nicht. Sobald wir alle relevanten Punkte der Aufgabenstellung kennen und abgestimmt haben, können wir mit der aufgabentreuen Erfüllung beginnen. In der Umsetzung muss dann darauf geachtet werden, dass genau die gestellten Anforderungen erfüllt werden, nicht mehr und nicht weniger und nichts anderes.

Nehmen wir einmal an, Uwe soll eine Waschmaschine reparieren. Die Dichtung an der Einfüllöffnung ist undicht geworden und muss ausgetauscht werden. Beim Probelauf erkennt er, dass der Motor nicht mehr rund läuft und die Lager ausgeschlagen sind. Sowohl Dichtung als auch Motor und Lager werden nicht mehr lange halten. Sein Auftrag beschränkt sich aber dennoch auf den Austausch der Dichtung. Natürlich gehört es zu seiner Verantwortung, auf den nicht mehr richtig arbeitenden Motor und die ausgeschlagenen Lager hinzuweisen. Um sie zu reparieren, bedarf es aber eines weiteren Auftrags. Ein solcher neuer Auftrag kann zwar durch die einfache Frage »Soll ich das gleich mit erledigen?« zustande kommen, aber es ist eben ein neuer Auftrag, und den braucht Uwe, um aufgabentreu arbeiten zu können.

In Kapitel 6 gehe ich noch näher auf die Aufgabenklärung ein.

4.2   Ergebniszuverlässigkeit

Wenn eine Aufgabe gut beschrieben ist und wir aufgabentreu daran arbeiten, stehen die Chancen gut, dass wir zuverlässige Ergebnisse erzielen werden. Wenn wir beispielsweise ein Brot einer bestimmten Sorte kaufen sollen, erbringen wir ein zuverlässiges Ergebnis, wenn wir ein Brot der richtigen Sorte beim Bäcker kaufen. Im Fall der Waschmaschinenreparatur ist das Ergebnis zuverlässig hergestellt, wenn die richtigen Ersatzteile richtig eingebaut wurden und nicht etwa eine durchgebrannte Sicherung mit einem einfachen Draht überbrückt wurde.

Ergebniszuverlässigkeit ist erreicht, wenn das verlangte und vereinbarte Ergebnis auf die richtige Weise und bis ins Detail fachgerecht und solide hergestellt wurde. Darauf muss sich der Auftraggeber verlassen können, und zwar ohne dass er die fachgerechte Ausführung besonders betonen und einfordern muss. Wenn der Servicetechniker die durchgebrannte Sicherung mit einem Draht überbrückt, wird sie vielleicht eine Zeit lang funktionieren und der Auftraggeber wird das eventuell gar nicht gleich feststellen, ein Folgeschaden ist jedoch sehr wahrscheinlich und kann schlimme Auswirkungen haben. Uwe würde so etwas niemals tun. Auch wenn die Waschmaschine dann erst einmal wieder funktioniert, hat das nichts mit Ergebniszuverlässigkeit zu tun. Die Wiederherstellung der Funktionsfähigkeit ist nur ein Teil der Anforderungen, die solide Ausführung der Reparatur gehört aber auch dazu, und zwar unabdingbar.

Ergebniszuverlässigkeit hat etwas mit Verlässlichkeit zu tun. Sich auf etwas verlassen zu können, bedeutet, etwas als gesichert annehmen zu dürfen. Der Auftraggeber kann sich dann auf den Auftragnehmer verlassen, wenn er nicht immer bei ihm sein und ihn pausenlos überwachen muss und sich trotzdem sicher sein kann, dass er seine Arbeit gut erledigen und zu den richtigen Ergebnissen kommen wird.

Richtige Ergebnisse können sich in ihrer Art stark voneinander unterscheiden. Bei den einen Arbeitsergebnissen kann man die

Richtigkeit exakt beweisen, bei anderen nicht. Hier einige Beispiele: Bei Rechenergebnissen, Maßen und Gewichten, bei Distanzen, Zeitangaben und Fristen kann deren Korrektheit objektiv, also unabhängig von persönlichen Einschätzungen, eindeutig festgestellt und beurteilt werden. Ein Meter ist ein Meter, eine Tonne ist eine Tonne und ein Tag ist ein Tag. Zwei mal zwei ist vier und drei mal drei macht neun. Das ist eindeutig, klar und völlig unkompliziert. Dadurch lässt sich einfach feststellen, ob ein Handwerker richtig gemessen, das Aufmaß richtig berechnet und den daraus resultierenden Materialbedarf richtig ermittelt hat. Abweichungen von dieser Richtigkeit sind leicht erkennbar und es kann festgestellt werden, ob ein Fehler vorliegt.

Wenn es um korrekte Aussagen geht, ist das schon etwas schwieriger. Zum einen haben wir es dabei mit Sprache zu tun, die nun mal nicht so exakt ist wie die Mathematik oder die Physik. Zwar ist ein Ja immer noch ein Ja und ein Nein ein Nein, aber es lässt sich nun mal nicht alles alleine mit Ja oder Nein beschreiben. Und alles, was eine umfangreichere Beschreibung oder Erklärung verlangt, wird mit zunehmendem Umfang anfälliger für Fehler und Missverständnisse. Je besser jedoch jemand die verwendete Sprache beherrscht und sich darin ausdrücken kann, umso eher wird er sich verständlich, fehlerfrei und unmissverständlich ausdrücken können. Aber leider gelingt das nicht jedem und auch nicht immer. Hinzu kommt, dass jede Berufsgruppe ihre Fachsprache und jede soziale Gruppe ihren Jargon hat. Beides gefährdet beim Austausch mit Mitgliedern anderer Gruppen die Verständlichkeit, die Eindeutigkeit und damit auch die Ergebniszuverlässigkeit. Wir können etwas falsch verstehen oder auch falsch weitergeben, ohne dass uns das bewusst ist. Und wenn in der Kommunikation Unsicherheiten, Missverständnisse und Fehler vorkommen, werden Aufgabenbeschreibungen niemals eindeutig, unmissverständlich und fehlerfrei beim Adressaten ankommen. Demzufolge ist ein ergebniszuverlässiges Arbeiten nicht möglich.

Hinzu kommt, dass manchmal auch Vermutungen, von denen man annimmt, dass sie höchstwahrscheinlich zutreffen, so weitergegeben werden, als seien sie Tatsachen. Der Satz »Der Zug fährt um 12:34 Uhr von Gleis 5 ab!« sollte nur dann so ausgesprochen werden, wenn man sich dessen absolut sicher ist. Doch Abfahrtzeiten und Gleis können sich immer ändern, deshalb wäre eine Formulierung wie »Soweit ich weiß, fährt der Zug um 12:34 Uhr von Gleis 5 ab!« besser. Der einleitende Hinweis »Soweit ich weiß, ...« weist klar auf die Unsicherheit hin, die in der Aussage steckt. Er signalisiert, dass sie überprüft werden muss. Ansonsten wird spätestens am Bahnsteig der Moment der Wahrheit kommen.

Wer ergebniszuverlässig handeln will, sollte deshalb zuverlässig kommunizieren und nicht nur bedenken, was er sagt, sondern auch, wie er es sagt und zu wem er es sagt. Jemandem, der sich in einer Sache gut auskennt, muss man nur wenig erklären, anderen entsprechend mehr. Beim Gespräch mit einem Fachmann kann man ohne Weiteres Fachbegriffe verwenden, die man einem Laien gegenüber vermeiden oder erklären muss. Und Vermutungen, Schätzungen und sonstige Unsicherheiten sollte man als solche erkennbar machen. Das würde schon mal helfen, Klarheit in der Kommunikation zu gewährleisten. Diese Klarheit wiederum ist ein entscheidendes Kriterium für die Ergebniszuverlässigkeit der aus der Kommunikation folgenden Handlungen. Weitere Kriterien sind die Struktur, die Nachvollziehbarkeit und die Verständlichkeit. Wenn diese auch erfüllt sind, wird durch eine solch klare Kommunikation eine gute Grundlage für zuverlässige Ergebnisse gelegt.

Ergebniszuverlässigkeit entsteht durch richtiges Handeln und wird durch falsches Handeln gefährdet. Stellen Sie sich einmal vor, ein Apotheker gibt das falsche Medikament heraus oder der Chirurg amputiert das falsche Bein. Alles schon vorgekommen! Genauso wie es schon vorgekommen ist, dass jemand beim Bäcker die falsche Tüte mitgenommen oder ein Elektriker zwei Kabel vertauscht hat. Oder ein Autofahrer ist nicht über die Einfahrt, sondern über die Ausfahrt auf die Autobahn gefahren. In all diesen Fällen wurde die Ergebniszuverlässigkeit verletzt – mal mit schlimmen, mal mit weniger schlimmen Folgen.

Die Ergebniszuverlässigkeit ist das wichtigste Kriterium bei der professionellen Aufgabenerfüllung. Die weiteren Kriterien, die wir im Folgenden betrachten, sind zwar auch sehr wichtig, doch sind bei diesen manchmal gewisse Toleranzen möglich. Es kommt ja nicht immer darauf an, genau zu einem bestimmten Zeitpunkt zu liefern, und manchmal ist es nicht so wichtig, auch die kleinste Nebenaufgabe noch zu erfüllen. Die Hauptaufgabe muss aber genau so erfüllt werden, wie es in der Aufgabenstellung vereinbart wurde, ansonsten gilt der Auftrag als nicht erfüllt. Das ist wie in der Schule beim Aufsatzschreiben. Ein Aufsatz kann an sich hervorragend sein, wenn jedoch das Thema verfehlt wurde, nützt das gar nichts und es gibt die Note »ungenügend«.

4.3 Vollständigkeit

Zu einer professionellen und zufriedenstellenden Aufgabenerfüllung gehört selbstverständlich auch die Vollständigkeit, das heißt, dass alle Haupt- und Nebenaufgaben erfüllt werden. Am einfachsten ist das bei den Anforderungen, die ausdrücklich in der Aufgabenstellung genannt sind: Brot kaufen, die Waschmaschine reparieren, ein Zimmer tapezieren. Diese sind leicht erkennbar und es ist völlig klar, was zu tun ist. Ebenso einfach ist es bei solchen Aufgabenstellungen, zu überprüfen, ob sie wirklich vollständig erledigt sind.

Schwieriger ist es, wenn es um Nebenaufgaben geht, die in der Aufgabenstellung nicht ausdrücklich genannt sind und doch dazugehören. Sie sind nicht sichtbar und können leicht vergessen werden. Manchmal bedarf es auch gewisser Fachkenntnisse, um überhaupt zu wissen, dass es Nebenaufgaben gibt und welche dies sind. Das Vorbereiten des Arbeitsplatzes oder das Aufräumen nach getaner Arbeit, das Absichern einer Baustelle oder Vorsichtsmaßnahmen zur Verhinderung von kleinen und großen Schäden sind Beispiele für solche Nebenaufgaben. Stellen Sie sich vor, der Tapezierer würde darauf verzichten, den Teppichboden abzudecken und angrenzende Bereiche abzukleben, oder nach dem Tapezieren weder Kleisterreste abwischen noch Tapetenschnipsel entfernen. Völlig undenkbar – und zwar auch dann, wenn diese Tätigkeiten nicht ausdrücklich beauftragt wurden. Sie gehören einfach dazu.

Genauso gehört es einfach dazu, Betroffene zu informieren, sobald etwas geschieht, das deren Interessen berührt, für sie in irgendeiner Form wichtig sein könnte oder sogar eine Handlung von ihnen erforderlich macht. Nehmen wir an, Termine verschieben sich, Probleme treten auf oder es muss ganz schnell eine Entscheidung getroffen werden, ohne dass man die Betroffenen im Vorfeld hätte dazu befragen können. Über so etwas muss informiert werden, und zwar möglichst zeitnah, vollständig, nachvollziehbar und verständlich. Die Information über Wichtiges ist eine Aufgabe, die normalerweise nicht explizit verlangt wird, die jedoch im Bedarfsfall unbedingt erfüllt werden muss. Schon deshalb, weil es jeder so von anderen erwarten würde.

Schließlich müssen auch Vorschriften eingehalten werden. Manche sind allgemein bekannt, wie zum Beispiel Sorgfalts- oder Fürsorgepflichten, andere gelten nur für bestimmte Berufsgruppen, Branchen oder Zusammenhänge. Bei den Kaufleuten ist das beispielsweise die Pflicht zur Rechnungsstellung. Sie ist eine kaufmännische Nebenpflicht und wird normalerweise in keiner Aufgabenstellung explizit erwähnt. Kaufleute müssen einfach wissen, dass es diese Nebenpflicht gibt und dass sie unabdingbar zu ihren Aufgaben gehört.

Die Regel für die Vollständigkeit lautet: Es ist alles zu tun, was zu einer auftragsgemäßen und soliden Erfüllung einer Aufgabe erforderlich ist, und zwar so, dass keine Restaufgaben unerledigt bleiben, die von anderen ersatzweise zu Ende geführt werden müssen oder die auf unbestimmte Zeit aufgeschoben werden. Ebenso muss alles getan werden, was erforderlich ist, um den anderen Professionalitätsmerkmalen Genüge zu leisten. Sie werden die Ergebniszuverlässigkeit nicht erreichen, wenn Sie beispielsweise Informationen gar nicht oder nur mangelhaft recherchieren oder etwas falsch berechnen und auf die Überprüfung verzichten. Sie werden die Pünktlichkeit nicht erreichen, wenn Sie eine Besprechung nicht gründlich vorbereiten, wenn Sie vergessen, den Raum zu reservieren oder Getränke bereitzustellen. Sie wird sich verzögern und Ihren Zeitplan gefährden oder gar zerstören. Solche Beispiele kennt jeder. Sie sind Folgen fehlender Vollständigkeit und führen dazu, dass auch die Pünktlichkeit gefährdet wird. Und so entsteht aus einer Unprofessionalität die nächste.

Viele von uns erinnern sich bestimmt noch daran, dass sie von ihren Eltern immer wieder dazu ermahnt wurden, übernommene Arbeiten richtig zu machen und gut zu Ende zu bringen. Doch das ist nicht nur etwas für Kinder! Ich kann nur empfehlen, diese Regel ernst und mit durch das ganze Leben und in alle Lebensbereiche zu nehmen. Es ist eine gute Regel. Schließlich erwarten wir ja auch von denen, die wir selbst mit Aufgaben betrauen, dass sie diese richtig und vollständig erfüllen, und zwar ohne dass wir jede Kleinigkeit ausdrücklich erwähnen oder alles ständig genau überprüfen müssen.

4.4 Pünktlichkeit

Wenn wir eine Aufgabe genau so bearbeiten, wie es die Aufgabenstellung erfordert, wenn wir zuverlässige Ergebnisse herstellen und alle Haupt- und Nebenaufgaben erfüllen, fehlt nur noch, dass wir unsere Leistungen zu den vereinbarten Terminen erbringen und fertigstellen. Dabei sind einige Termine etwas toleranter, andere dagegen extrem streng gesetzt. Beim Brotkauf kann es reichen, irgendwann innerhalb der Öffnungszeiten beim Bäcker zu sein, sofern kein genauer Zeitpunkt festgelegt wurde, zu dem das Brot ausgehändigt werden soll, doch das Reparieren der Waschmaschine sollte schon genau zum vereinbarten Zeitpunkt erfolgen; vielleicht hat sich ja der Kunde extra einen Tag oder zumindest ein paar Stunden freigeschaufelt, und da ist es für ihn dann schon sehr ärgerlich, wenn der Servicetechniker zu spät oder überhaupt nicht kommt. Und trotzdem ist das noch relativ harmlos, denn es geht noch viel schlimmer. Richtig ärgerlich und wirklich unvergesslich wird es, wenn beispielsweise der Standesbeamte zu spät oder gar nicht zur Trauung erscheint. Schließlich geht es dabei nicht nur um eine beliebige Verzögerung, vielmehr wird die gesamte Hochzeitsplanung, in die man so viel Arbeit gesteckt hat, gefährdet oder gar ganz über den Haufen geworfen. Selbst wenn die Trauung mit Verzögerung dann doch noch stattfindet, ist die ganze Hochzeitsfeier erheblich beeinträchtigt. Der gesamte Tagesablauf wird sich verschieben und einige aufwendig vorbereitete Programmpunkte müssen dadurch vielleicht sogar entfallen. Da hat man sich nun monatelang gefreut und dann wird einem dieses einmalige Fest durch eine Unpünktlichkeit vermasselt und für immer einen ärgerlichen Beigeschmack haben. Der Standesbeamte kann sich dann noch so viel Mühe geben, der Schaden wird schwerlich wiedergutzumachen sein.

Ebenso kann Unpünktlichkeit auch im Arbeitsleben und bei anderen privaten Gelegenheiten unangenehme und schlimme Folgen haben. Eine Besprechung, die verspätet beginnt oder sich stark verzögert, bringt die Teilnehmer unter Druck. Die nachfolgenden Termine können nicht eingehalten werden oder die Zeit für deren Vorbereitung reicht nicht. Ein vereinbartes Telefonat mit einem Kunden, das dadurch ausfällt, kann einen Auftrag kosten, und aufgrund eines stark verzögerten Endes einer Besprechung kann es sein, dass das Kind in der Kita sitzt und darauf wartet, endlich abgeholt zu werden. Und nicht nur das Kind, sondern auch die Erzieherin oder der Erzieher will nach Hause.

An diesen Beispielen wird deutlich, dass Pünktlichkeit auch sehr starke funktionale Aspekte hat. Aber nicht nur das. Man sagt, Pünktlichkeit sei die Höflichkeit der Könige, und das ist auch so. Pünktlichkeit und die damit zum Ausdruck gebrachte Höflichkeit und Wertschätzung zeichnen jeden aus. Und sie zeichnen besonders diejenigen aus, die sich Unpünktlichkeit leisten könnten, weil sie niemand dafür rügen kann. Pünktlichkeit zeigt, ob einem ein Anliegen wichtig ist und ob man wertschätzend mit seinen Mitmenschen umgeht. Denn was einem wichtig ist, das macht man zuerst, und spätestens bei der Pünktlichkeit zeigt sich, wer und was Priorität hat. Oder haben Sie sich etwa nicht bemüht, bei Ihrem ersten Rendezvous (und hoffentlich auch bei den weiteren) besonders pünktlich zu sein?

Pünktlichkeit ist in unserem Kulturkreis sehr wichtig. Die gesamte Arbeitswelt ist auf Pünktlichkeit ausgelegt, und Verzögerungen wirken sich wie umfallende Dominosteine in einer Kettenreaktion auf andere Termine aus. Zwar ist es leider so, dass es viele Störfaktoren gibt, die es uns sehr schwer und manchmal sogar unmöglich machen, pünktlich zu sein, das heißt aber nicht, dass wir das einfach so hinnehmen dürfen. Gelegentliche Unpünktlichkeit wird uns wohl kaum jemand wirklich vorwerfen, weil jeder irgendwann selbst davon betroffen ist. Wenn jedoch jemand ständig unpünktlich ist, ist das anders. Denn ständige Unpünktlichkeit hat strukturelle Ursachen, wie zum Beispiel unzureichende Planung, fehlende Reserven, eine falsche Einstellung zur Pünktlichkeit oder eine mangelnde Wertschätzung für die Personen, die davon betroffen sind. Dass wir gegen Unpünktlichkeit nicht ganz machtlos sind, werden wir im Kapitel »Der Weg zum Profi« noch sehen, wenn es um Machbarkeitsklärung, Planung und Vorbereitung geht.

5. Voraussetzungen für Professionalität

Wir wissen jetzt, an welchen Merkmalen wir Professionalität erkennen. Durch Aufgabentreue, Ergebniszuverlässigkeit, Vollständigkeit und Pünktlichkeit gelangt der Profi zum gewünschten Arbeitsergebnis. Damit es uns gelingt, unsere Arbeit durch Professionalität auszuzeichnen, benötigen wir bestimmte Voraussetzungen – bestimmte Einstellungen, Fähigkeiten, Kenntnisse und Methoden. Durch diese werden wir letztendlich zum Profi. Als Profi haben wir eine Haltung, in der es uns wichtig ist, jeden, wirklich jeden Auftrag zur vollsten Zufriedenheit gemäß der Aufgabenstellung zu erfüllen. Wir sind verlässlich, und was wir sagen, hat Gewicht und gilt. Ehrlichkeit und Vertraulichkeit sind uns wichtig. Wir behandeln unsere Partner im Geschäfts- und Privatleben so, wie wir selbst behandelt werden wollen. Und wir erfüllen unsere Aufgaben so, wie wir es von anderen erwarten würden. Dabei werden wir manchmal Gewinn machen und manchmal draufzahlen. In Bezug auf unsere Haltung ist jedoch das Gewinnmachen nicht das alleine ausschlaggebende Kriterium, genauso wenig wie das Draufzahlen. Unsere Haltung basiert auf anderen Grundlagen. Nämlich auf dem Wunsch, gute Arbeit abzuliefern und ein gutes Einvernehmen mit den Partnern zu haben, um eine langfristige und faire Zusammenarbeit zu ermöglichen. Das alles wird dazu beitragen, dass wir langfristig gewinnen.

Die Einstellungen, Fähigkeiten, Kenntnisse und Methoden, die wir als Profi brauchen, werden wir im Folgenden konkret betrachten.

5.1 Verantwortung

Ein Profi muss bereit sein, Verantwortung zu übernehmen. Wer die Bereitschaft dazu nicht hat, ist niemals ein echter Profi. Ein Profi steht für das, was er tut, gerade, und zwar auch dann, und gerade dann, wenn es mal schwierig wird und es leicht wäre, auszuweichen und sich hinter anderen zu verstecken.

Verantwortung zu haben, heißt, Antworten geben zu müssen. Antworten auf Fragen zu dem, was man gemacht hat und wie, wann und warum man es gemacht hat. Warum hat man es so und nicht anders gemacht? Warum ist etwas schiefgegangen? Warum hat etwas so lange gedauert? Warum wurde etwas vergessen? Warum ist etwas so teuer geworden? Wer solche Fragen so beantwortet, dass der Fragende damit zufrieden sein kann, wird seiner Verantwortung gerecht. Dabei bedarf es jedoch auch der Fairness und des Realismus des Fragenden. Er darf nicht willkürlich fragen, was er will, sondern muss fair bleiben und sich an der Sache orientieren. Er darf nicht willkürlich entscheiden, ob er mit einer Antwort zufrieden ist oder nicht. Er muss realistisch sein und anerkennen, dass unter bestimmten Bedingungen manches nicht oder nicht hinreichend gut geleistet werden kann. Zwar wird Mögliches durch Professionalität leichter erreichbar, aber Unmögliches bleibt unmöglich, egal wie professionell man handelt. Erkennt der Fragende das nicht an, ist er seinerseits unprofessionell, weil er sich der Realität verweigert.

Beim Einfordern von Verantwortung muss sich der Einfordernde stets darüber im Klaren sein, dass er jemanden nur zu solchen Sachverhalten in die Verantwortung nehmen darf, die dieser beeinflussen kann. Alles, was außerhalb des Einflussbereichs einer Person liegt, liegt auch außerhalb ihres Verantwortungsbereichs. Ansonsten wäre das, als ob Sie einen Busfahrer dafür verantwortlich machen würden, dass die Ampel auf Rot schaltete, als er mit seinem Bus dort ankam. Wenn Sie ihm diese Verantwortung aufladen wollten, müssten Sie ihn zuvor in die Lage versetzen, Ampeln so schalten zu können, wie er das gerade braucht. Das ist natürlich völlig abwegig. Genauso abwegig wäre es aber auch, ihn für die rote Ampel verantwortlich zu machen.

Die Übertragung von Verantwortung setzt Entscheidungsbefugnis und Einflussmöglichkeiten in der betreffenden Angelegenheit voraus. Verantwortung zu übernehmen, bedeutet, wie bereits gesagt, so zu handeln, dass man Antworten geben kann, die zufriedenstellen. Deshalb ist es gut, wenn man vor dem Handeln darüber nachdenkt, ob man es im Nachhinein verantworten können wird. Das wiederum braucht eine Haltung, die uns zum permanenten Nachdenken und Reflektieren anregt und uns dadurch die richtigen Handlungen finden lässt. Eine Haltung, die den Wunsch in sich trägt, übernommene Aufgaben so gut wie möglich zu erfüllen und Schäden zu vermeiden. Denken wir also nach, bevor wir handeln, und überlegen wir uns bei jeder wichtigen Aktion, ob unser Handeln solide ist und ob es ausreichend tragfähige Argumente für unsere Vorgehensweise gibt. Argumente, die auch dann noch tragfähig sind, wenn etwas schiefgegangen ist. Bleiben wir dabei realistisch, frei von Angst, Euphorie und anderen Emotionen, denn diese sind schlechte Ratgeber. Falls dann doch etwas schiefgeht und wir uns verantworten müssen, werden wir die Fragen zu dieser Verantwortung zufriedenstellend beantworten können.

Ich möchte Sie einladen, anhand eines kleinen Beispiels über Verantwortung nachzudenken: Ein Mann ist durch harte Arbeit, kluges Wirtschaften, Sparsamkeit und Verzicht zu einem Vermögen gekommen. Als er von einer Reise nicht zurückkehrt, wird er als verschollen gemeldet und für tot erklärt. Das Vermögen wird unter seinen vier Söhnen aufgeteilt. Völlig unerwartet taucht der Vater Jahre später wieder auf und erkundigt sich nach dem Vermögen, von dem bei keinem der Söhne noch etwas übriggeblieben war.

Der erste erklärt:»Ich habe mir schöne Autos gekauft und hatte viel Pech, sodass die meisten davon bei Unfällen zerstört wurden. Als das Geld langsam ausging, habe ich versucht, im Casino das Vermögen wiederherzustellen, wobei ich nach anfänglicher Glückssträhne auch den Rest des Geldes verlor.« Der zweite sagt:»Mein Kind war schwerkrank, und die medizinischen Behandlungen und die Pflege haben das ganze Vermögen aufgezehrt.« Der dritte sagt: »Ich habe das Geld in meine Firma gesteckt, die durch die Finanzkrise nicht überleben konnte!« Der vierte hat das ganze Geld für den Wiederaufbau einer Jugendhilfeeinrichtung gespendet, die abgebrannt war.

Welche Antworten werden den Vater wohl zufriedengestellt haben? Wer von den Söhnen hat seine Verantwortung erfüllt?

5.2 Realismus

Als Profis müssen wir realistisch sein. Wir stehen mit beiden Beinen fest auf dem Boden der Tatsachen. Wir können unterscheiden, was machbar und was utopisch ist. Wir können das, was wünschenswert ist, von dem abgrenzen, was wir wirklich brauchen. Das heißt jedoch nicht, dass wir das Wünschenswerte nicht für erstrebenswert halten oder nicht erfüllen wollen, sondern es bedeutet, dass wir dann, wenn Zeit und Mittel knapp werden, wissen, was das Wichtigste ist und deshalb zuerst gemacht werden muss.

Realismus ist eine unverzichtbare Voraussetzung zur Beurteilung von Situationen, Vorhaben und Vorgehensweisen. Nur wenn wir realistisch sind, das heißt, wenn unsere Einschätzungen, Vorstellungen und Annahmen mit der Wirklichkeit übereinstimmen, können wir sicher planen und handeln. Nur realistische Betrachtungen sind tragfähige Grundlagen für tragfähige Entscheidungen und Handlungen. Natürlich darf man auch mal träumen und sich Ziele setzen, die nahezu unerreichbar scheinen, das hat aber im beruflichen Alltag normalerweise keinen oder nur wenig Platz. Auftraggeber, die mit solchen Träumen umgehen können, das nötige Geld dafür haben und bereit sind, es für einen Traum auszugeben, sind zwar ein Geschenk für alle, die gerne etwas ausprobieren möchten und dabei auch mal versuchen, über ihre Grenzen hinauszugehen, sie sind aber auch äußerst selten. Deshalb gehe ich hier nicht weiter darauf ein, sondern befasse mich mit dem, was am weitesten verbreitet ist, nämlich eine machbare Aufgabenstellung und deren solide Umsetzung.

Zum Realismus gehört nicht nur eine zuverlässige Einschätzung von Situationen, Vorhaben und Vorgehensweisen, sondern auch eine wirklichkeitsnahe Selbsteinschätzung unserer Stärken und Schwächen. Nicht immer gelingt das, da jede Selbsteinschätzung naturgemäß subjektiv ist und mit der Wirklichkeit nicht unbedingt übereinstimmen muss. Das bleibt nicht ohne Folgen. Denn da, wo Sie sich überschätzen, werden Sie Misserfolge erleiden, und da, wo Sie sich unterschätzen, werden Sie hinter Ihren Möglichkeiten zurückbleiben. Es gibt aber einen Ausweg aus diesem Dilemma: Sie können Ihr Eigenbild mit dem Bild abgleichen, das andere von Ihnen haben. Sie können Freunde oder Kollegen, die Sie gut kennen und die Ihnen wohlgesonnen sowie ehrlich und offen sind, fragen, wie sie Sie sehen, und mit ihnen zusammen Ihr Eigenbild mit dem Fremdbild, also mit dem Bild, das die anderen von Ihnen haben, vergleichen. Fragen Sie Freunde und Kollegen, was sie glauben, was Sie gut oder schlecht können, und ob sie Ihnen Beispiele nennen können, wo Sie etwas gut oder schlecht gemacht haben. Es hilft Ihnen, wenn Sie ehrliche Antworten erhalten und auf das hören, was Sie erfahren. Es hilft Ihnen, wenn Sie die Einschätzungen der anderen annehmen können und auch mal nachfragen. Ohne Eitelkeit, aber auch ohne falsche Bescheidenheit. Denn so lernen Sie ein Fremdbild von sich kennen, können darüber nachdenken und es mit Ihrem Eigenbild vergleichen. Die Chance ist groß, dass Sie dadurch zu einer nahezu realistischen Einschätzung Ihrer Fähigkeiten, Ihrer Haltung und Ihres Handelns kommen.

Achtung: Unser Realismus ist immer dann gefährdet, wenn wir Sachverhalte beurteilen, die uns besonders am Herzen liegen oder die wir überhaupt nicht mögen. Solche Vorlieben oder Abneigungen beeinflussen unseren Realitätssinn. Sobald wir bei uns selbst feststellen, dass wir mit einem Thema derart emotional verbunden sind, dass unsere Objektivität darunter leiden könnte, sollten wir andere Meinungen hinzuziehen und uns mit anderen austauschen, um zu einem möglichst realistischen Bild zu kommen. Ein Bild, das möglichst nahe an der Wirklichkeit ist.

Was bei solchen »emotionalen Verzerrungen« für uns selbst gilt, gilt natürlich auch für andere. Auch sie haben Emotionen, die ihr Urteilsvermögen beeinträchtigen können. Wenn Sie das erahnen oder erkennen, dürfen Sie sich nicht unreflektiert auf deren Vorstellungen einlassen. Stattdessen sollten Sie genau abwägen, ob die Situation gravierend genug ist, um sie deutlich anzusprechen, oder ob Sie es erst einmal laufen lassen können, bis ein eindeutiger Handlungsbedarf besteht und die Verzerrungen deutlicher sichtbar werden. Nur wenn Sie in solchen Situationen herausfinden, was realistisch ist, werden Sie die Klarheit finden, die Sie für Ihre Professionalität unbedingt brauchen.

Wir neigen alle dazu, Situationen sehr schnell einzuschätzen und zu beurteilen. Und das, was wir da sehen, halten wir für die Realität. Doch Vorsicht! Die Realität ist oftmals viel komplizierter und komplexer, als wir das ahnen oder wahrhaben wollen. Wir glauben oft, irgendetwas wäre ganz einfach, müsste schneller gehen und könnte so kompliziert doch nicht sein. Ich habe das auch lange geglaubt oder besser gesagt, gehofft. Nun, nach vielen Jahren, in denen ich mich mit Programmierung, Arbeitstechniken und der Entwicklung von Organisations- und Arbeitsabläufen befasst habe, stelle ich fest, dass ich mich in meiner Einschätzung immer mal wieder getäuscht habe. Selbst mit meinem reichen Fundus an einschlägiger Erfahrung stelle ich immer wieder fest, wie kompliziert manche Abläufe sind und wie wenig das manchmal im Vorfeld sichtbar ist. Winzige Aufgaben erweisen sich manchmal als nahezu unlösbar und verschlingen jede Menge Zeit und Geld, werden zu Risikofaktoren in Projekten und später im alltäglichen Einsatz. Im Laufe der Jahre habe ich gelernt, dies zu akzeptieren und damit umzugehen, auch wenn es alles andere als einfach war.

Nicht immer gelingt es, allen Beteiligten solche Schwierigkeiten verständlich zu machen und deren Einsicht zu gewinnen. Aber auch das ist Realität und viel schwieriger, als es anfänglich scheint. Immer wenn solche Situationen auftreten, die schwieriger und komplexer sind, als es auf den ersten Blick scheint, ist es notwendig, diese gründlich zu analysieren und deren Komplexität sichtbar zu machen und zu verstehen. Tut man das nicht, werden alle Aktionen, die man in solchen Situationen unternimmt, nach dem Prinzip Versuch und Irrtum ablaufen. Man nimmt dadurch die nicht erkannten Schwierigkeiten mit in die Zukunft, wo sie nochmals schwieriger und komplexer werden, bis sie am Ende nicht mehr zu beherrschen sind.

Meine Erfahrung hat mich gelehrt, die folgende Warnung ernst zu nehmen: Die Realität schlägt zurück, wenn man sie missachtet. Anders ausgedrückt: Die Wirklichkeit hat immer Recht! Da helfen kein Wünschen und kein Wollen, das ist einfach so. Ein ewiges Gesetz! Wirklichkeit heißt Wirklichkeit, weil sie wirkt. Wenn wir eine Vorstellung in uns tragen, die nicht mit der Wirklichkeit übereinstimmt, wird diese Vorstellung nicht die Wirkung entfalten, die wir uns wünschen, sondern eine andere. Vielleicht eine bessere, vielleicht aber auch eine schlechtere, aber auf keinen Fall die, die wir erwarten.

5.3 Klarheit

Das Wort »Klarheit« kommt vom lateinischen Wort »clarus« und bedeutet »hell«. Da, wo es hell ist, sehen wir gut, erkennen den Sachverhalt und die Zusammenhänge. Nur wenn wir Klarheit haben, können wir eine Sache zutreffend beurteilen und erkennen, was erforderlich und machbar ist. Nur wenn wir Klarheit haben, können wir gezielt und sicher das Richtige tun.

Fehlende Klarheit erschwert uns unsere Arbeit und führt uns in die falsche Richtung. Bei fehlender Klarheit müssen wir aufpassen, dass wir unsere Arbeiten nicht falsch durchführen, dass wir keine Arbeiten durchführen, die unnötig sind, und dass wir keine Arbeiten liegen lassen, die wir erledigen müssten. Wenn wir Klarheit haben und durch sie erkennen, worauf es ankommt, wird uns das nicht passieren. Wenn wir also professionell handeln wollen, müssen wir zuerst Klarheit schaffen. Klarheit besteht im Wesentlichen aus drei Faktoren:

- Sichtbarkeit
- Eindeutigkeit
- Gewissheit

Anhand dieser Kriterien können wir prüfen, ob wir Klarheit haben oder ob noch etwas fehlt.

5.3.1 Sichtbarkeit

Sichtbarkeit bedeutet, dass alles, was gebraucht wird, um einen Sachverhalt zu verstehen, sichtbar und erkennbar sein muss. Wenn Sie Dinge nicht sehen und nicht erkennen können, können Sie nichts über sie in Erfahrung bringen und werden somit nichts über sie wissen.

Wenn Uwe eine Waschmaschine reparieren soll, dann muss er sie sehen und hineinschauen können. Und zwar überall. Nur so kann er erkennen, wo der Fehler liegt und ob noch weitere Fehler vorhanden sind. Außerdem braucht er Einblick in technische Unterlagen wie Schaltpläne oder Explosionszeichnungen. Kein Bereich, der für seine Arbeit wesentlich sein könnte, darf ihm verborgen bleiben. Alles muss ihm zugänglich und sichtbar sein. Nur wenn diese Voraussetzung erfüllt ist, kann er den Erfolg der Reparatur garantieren. Und weil Uwe ein Profi ist, weiß er das und sorgt dafür, dass immer erst eine hinreichende Sichtbarkeit gegeben ist, bevor er eine Fehlerdiagnose stellt. Dabei schaut er auf die Strukturen, nach den Inhalten und auf die relevanten Hintergründe. Dafür sucht er Antworten auf Fragen, wie etwa nach welchem Funktionsprinzip das Gerät arbeitet, welche konkreten Teile darin verbaut sind, ob das Gerät waagerecht steht und ob Strom- und Wasserzufuhr sichergestellt sind. Erst wenn solche Fragen beantwortet sind, beginnt er mit der eigentlichen Reparatur. Solange dieser Überblick fehlt, ist es dafür noch zu früh. Erst wenn er alles weiß, was er wissen muss, kann er anfangen, zu analysieren, Diagnosen zu stellen und zu reparieren. Allgemein gilt: Um Klarheit zu erlangen, muss man herausfinden, welche Informationen erforderlich sind, um eine Situation richtig beurteilen und einschätzen zu können. Wer schon einmal einen größeren Spontankauf getätigt hat, hat sich vielleicht im Nachhinein geärgert, weil der Spontankauf plötzlich zum Fehlkauf wurde. Vielleich fehlte die Klarheit über die wirklichen Eigenschaften des Produkts? Vielleicht fehlte die Klarheit darüber, ob man es nur will oder ob man es wirklich braucht. Wer schon einmal an einem Urlaubsziel angekommen ist und sich gewundert hat, dass dort alles ganz anders war, als es versprochen worden war, weiß, wie wichtig es sein kann, im Voraus Klarheit herzustellen, auch wenn das nicht immer einfach oder manchmal auch nahezu unmöglich ist. Wer schon einmal bei dunkler Nacht, bei Nebel oder starkem Regen mit dem Auto unterwegs war, weiß, wie wichtig eine klare Sicht sein kann.

5.3.2 Eindeutigkeit

Eindeutigkeit erfordert, dass alles, was sichtbar ist, zweifelsfrei interpretiert, geistig erfasst und verstanden werden kann. Wenn Eindeutigkeit gegeben ist, kann man genau erkennen, was gemeint ist. Eindeutig bedeutet zweifelsfrei. Im Wort »Zweifel« steckt das Wort »zwei«. Sobald etwas auf zwei oder mehrere Weisen verstanden werden kann, ist es nicht mehr eindeutig (darin steckt das Wort »eins«). Um zu Eindeutigkeit zu gelangen, muss man überall da, wo noch Zweifel bestehen, diese ausräumen. Dadurch erhält man die Gewissheit, die man dringend braucht und die im nächsten Abschnitt näher betrachtet wird.

Eindeutigkeit ist wichtig. In der Kommunikation, in der Beschreibung von Abläufen, genauso wie bei Fragen und Anweisungen. Wenn Sie eindeutig sagen, was jemand tun soll, steigt die Wahrscheinlichkeit, dass er genau das tun wird. Wenn Sie eindeutig fragen, was Sie wissen wollen, steigt die Wahrscheinlichkeit, dass Sie eine eindeutige Antwort auf Ihre Frage bekommen. Wenn Sie eindeutig wissen, was Sie wollen, steigt die Wahrscheinlichkeit, dass Sie genau das bekommen werden. Wenn jedoch Zweifel bestehen, müssen Sie unter Umständen mehrmals sagen, was getan werden soll, mehrmals fragen, was Sie wissen wollen, mehrmals überlegen, was Sie eigentlich wollen, und können trotzdem nicht sicher sein, das zu bekommen, was Sie möchten.

Eindeutigkeit manifestiert sich in der Kommunikation. Selbst wenn Sie in Ihren Gedanken und Ihrem Willen vollkommen eindeutig sind, reicht das nicht. Sie müssen diese Eindeutigkeit auch denen zugänglich machen, mit denen Sie zu tun haben, von denen Sie etwas wollen oder denen Sie etwas geben müssen. Diesen Zugang ermöglichen Sie über verbale oder nonverbale Kommunikation. Dazu einige sehr einfache Beispiele:

Sie bestellen beim Pizza-Service zwei Pizzen mit Champignons, eine mit und eine ohne Knoblauch. Sie holen die Pizzen ab und man sagt Ihnen:»Die ohne Knoblauch ist die mit dem Kreuz auf der Packung.« Zu Hause angekommen packen Sie aus und denken:»Die mit Knoblauch ist die mit dem Kreuz auf der Packung. Oder war es umgekehrt?« Und Sie merken, da ist etwas nicht eindeutig. Warum kann man nicht»Knoblauch« auf die Packung schreiben? Nun ist die Frage nach dem Knoblauch relativ leicht lösbar, weil man ihn riecht. Wenn es sich jedoch um eine glutenfreie Pizza handelt, kann Uneindeutigkeit weitaus schlimmere Folgen haben als unerwünschter Knoblauch auf einer Pizza.

Ähnliche Ereignisse mit der Eindeutigkeit beziehungsweise Uneindeutigkeit kennen Sie bestimmt vom Fußgängerüberweg, an dem Sie mit Ihrem Auto angehalten haben, um jemanden die Straße überqueren zu lassen. Doch dann signalisiert Ihnen diese Person, dass sie gar nicht über die Straße will. Ein nonverbales uneindeutiges Verhalten, das nicht schlimm ist, der umgekehrte Fall wäre schlimmer.

5.3.3 Gewissheit

Das dritte Kriterium für Klarheit ist die Gewissheit. Nur gesicherte Informationen führen zu Klarheit und nur sie sind wirklich wertvoll und hilfreich. Von gesicherten Informationen kann man sprechen, wenn diese objektiv nachprüfbar sind und dieser Prüfung standhalten. Annahmen, Vermutungen und Schätzungen können zwar auch zutreffend sein, wir wissen es aber nicht. Sie können auch unzutreffend sein. Deshalb kann man damit keine Klarheit herstellen. Wenn wir Klarheit wollen, brauchen wir Gewissheit. Immer dann, wenn die Gewissheit nicht vollständig gegeben ist, ist es daher absolut notwendig (Sie erinnern sich: um bestehende oder drohende Not abzuwenden), darauf hinzuweisen und Gewissheit einzufordern. Denn was nützen jede Menge Informationen, wenn wir nicht wissen, welche davon richtig sind und welche nicht? Dann lieber wenige Informationen, auf die man sich verlassen kann.

Es gibt jedoch Situationen, in denen man weiß, dass die Informationen, die man hat, unsicher sind. Das ist immerhin auch eine Form der Gewissheit, zu wissen, dass man sich auf das, was man weiß, nicht verlassen kann, dass man alles prüfen und verifizieren muss, so gut das eben geht. In solchen Phasen muss man alle Entscheidungen, die man trifft, und alle Pläne, die man macht, ständig in Frage stellen und notfalls anpassen. Immer wieder, so lange, bis die Unsicherheit vorüber ist. Diese Unsicherheit sollte man kommunizieren, genauso wie den Umgang damit. Denn nichtkommunizierte Unsicherheit führt zu noch mehr Unsicherheit und die Betroffenen fühlen sich missachtet und vielleicht sogar hintergangen oder getäuscht. Wenn man sie aber kommuniziert, wissen alle, warum man Pläne und Entscheidungen immer wieder ändern muss. Das schafft Vertrauen und lässt uns solche Situationen leichter überstehen. In solchen Situationen lernen wir immer wieder neu zu schätzen, wie wohltuend Gewissheit ist, weil sie hilft, Klarheit zu schaffen.

5.4 Rückfragenfreiheit

Ich übertreibe jetzt mal ein bisschen:
Montag, 16:00 Uhr: Sie bekommen eine Mail von einem Kollegen:
»Hallo Kollege, kann ich morgen mal den Transporter haben?«
Montag, 16:02 Uhr: AW: *»Von wann bis wann brauchst du ihn denn?«*
Montag, 16:55 Uhr: AW:AW: *»Zwischen 13 und 15 Uhr.«*
Montag, 17:02 Uhr: AW:AW:AW: *»Kein Thema!«*
Montag, 17:04 Uhr: AW:AW:AW:AW: *»Heißt das ja oder nein?«*
Montag, 17:08 Uhr: AW:AW:AW:AW:AW: *»Natürlich ja!«*
Montag, 17:09 Uhr: AW:AW:AW:AW:AW:AW: *»Danke!«*
Montag, 17:15 Uhr: AW:AW:AW:AW:AW:AW:AW: *»Ach, noch was: Sind Befestigungsgurte drin?«*
Dienstag, 08:02 Uhr: AW:AW:AW:AW:AW:AW:AW:AW: *»Ja.«*
Dienstag, 08:09 Uhr: AW:AW:AW:AW:AW:AW:AW:AW:AW: *»Weißt du auch, wie viele?«*
Dienstag, 08:15 Uhr: AW:AW:AW:AW:AW:AW:AW:AW:AW:AW: *»Nein, einige.«*

Dienstag, 13:10 Uhr – Telefonanruf: *»Ich suche den Transporter, der ist nicht an seinem Platz. Weißt du, wo der ist?«*
»Ja, der steht in der hinteren Halle, weil Dienstag ist. Da hat ihn morgens der Franz und bringt ihn erst später zurück.«

Dieses Beispiel könnte ich jetzt nahezu endlos fortsetzen. Natürlich ist es etwas übertrieben, aber Ähnliches geschieht jeden Tag. Dabei wäre es mit 30 Sekunden Nachdenken so einfach gewesen. Hätten beide nur kurz überlegt, was der andere wissen muss, wäre alles in zwei Mails erledigt gewesen:
Montag, 16:00 Uhr: Sie bekommen eine Mail von einem Kollegen: *»Hallo Kollege, kann ich morgen in der Zeit von 13–15 Uhr den Transporter haben? Sind Befestigungsgurte drin? Ich bräuchte vier Stück.«*
Montag, 16:02 Uhr: AW: *»Ja, den Transporter kannst du haben. Wir*

brauchen ihn erst wieder am Mittwochmorgen um 8 Uhr. Spanngurte sind drin. Ich weiß nicht genau, wie viele, aber vier Stück sind es auf jeden Fall, eher deutlich mehr. Beachte bitte, dass du ihn in der hinteren Halle bei Franz abholen musst. Der braucht ihn immer dienstagvormittags und bringt ihn erst später zurück. Sag ihm bitte, dass du den Transporter nimmst und ihn danach an seinen regulären Platz stellst. Den Schlüssel kannst du stecken lassen, weil die Halle abends abgeschlossen wird.«

Statt elf nur zwei Mails, die in kürzester Zeit erledigt sind, und der Telefonanruf ist auch nicht notwendig. Kein Zeitverlust durch Suchen, kein Ärger, und Franz weiß auch Bescheid. Es sieht zwar auf den ersten Blick nach einem höheren Aufwand aus, der gesamte Zeitaufwand für die Erstellung der beiden »rückfragenfreien« Mails ist jedoch wesentlich geringer als der für die Erstellung der anderen elf, von der Suche nach dem Transporter und dem Telefonanruf ganz zu schweigen.

Rückfragenfreie Mails kriegt man hin, wenn man sich überlegt, was man alles fragen möchte und was der andere alles wissen muss, damit er vollständig und ebenfalls rückfragenfrei antworten kann. Im Beispiel sind das die Frage nach der Verfügbarkeit des Transporters, die Angabe der Bedarfszeit sowie die Frage nach den Befestigungsgurten einschließlich deren Zahl. Der Antwortende seinerseits beantwortet die gestellten Fragen möglichst eindeutig und überlegt, was der Fragende noch wissen muss. Neben der Zusage, dass der Transporter verfügbar ist und über genügend Befestigungsgurte verfügt, ist der Hinweis wichtig, dass er nicht an seinem Stammplatz, sondern in der hinteren Halle steht, weil Franz ihn dienstags erst später zurückbringt, obwohl er ihn offensichtlich nicht mehr braucht. Dieser Hinweis muss gegeben werden, auch wenn nicht ausdrücklich danach gefragt wurde, weil der Fragende keine Anhaltspunkte hat, die ihn zu einer solchen Frage veranlassen würden. Gleiches gilt für den Hinweis, dass der Schlüssel im Transporter verbleiben kann, der hier sogar noch näher erläutert wird. Damit beugt der Antwortende der Frage vor, wo er denn den Schlüssel hinbringen muss. Wo die hintere Halle ist, muss der Antwortende nicht erklären, weil er davon ausgehen kann, dass der Fragende das weiß. Müsste er annehmen, dass er es nicht weiß, hätte er es zusätzlich erklären müssen. Alles in allem eine prägnante, aussagekräftige Kommunikation, die keine weiteren Rückfragen erforderlich macht. Angenehm, kurz und bündig, weil rückfragenfrei.

Die Rückfragenfreiheit ist das, was wir in der professionellen Kommunikation anstreben. Die Gedankenführung sollte so sein, dass wir versuchen, alle Fragen, die wir haben, auf einmal so zu stellen, dass der Gefragte vollständig antworten kann, ohne rückfragen zu müssen, was wir genau meinen oder wissen wollen. Das gilt für die Fragen. Für Aussagen, also für Informationen und Antworten, die wir geben, gilt, dass wir der anderen Person alles mitteilen, was sie wissen muss, damit sie ihrerseits nicht rückfragen muss. Dabei hilft es, wenn wir uns Gedanken darüber machen, was der Fragende sicherlich weiß und wir deshalb nicht gesondert erwähnen müssen und was er sicherlich nicht weiß und deshalb von uns genannt werden muss. Wenn wir uns dann noch die Mühe machen, die Informationen in einer thematisch angemessenen Reihenfolge und Struktur darzustellen, werden sie auch leicht verständlich sein. Das Ganze gilt natürlich nicht nur für Mails, sondern generell für alle Arten der geschäftlichen Kommunikation. Wenn wir es schaffen, eine solche möglichst rückfragenfreie Kommunikationsart dauerhaft anzuwenden, selbst wenn es nur näherungsweise ist, wird sich die E-Mail-Flut, über die so viele Menschen klagen, schnell in Wohlgefallen auflösen.

5.5 Können

Dass ein Profi sein Fach beherrschen muss, also auf seinem Arbeitsgebiet etwas können muss, ist für mich so selbstverständlich, dass ich diesen Punkt beinahe vergessen hätte. Und obwohl

Sie das sicher genauso sehen, darf er auf keinen Fall unerwähnt bleiben.

Ein Friseur muss nun mal Haare schneiden, färben und stylen können, braucht ein Gespür für Ästhetik und muss kommunikativ sein. Ein Lehrer muss seinen Stoff sicher beherrschen und wissen, wie man ihn so aufbereitet, dass er möglichst gut aufgenommen, gelernt und verstanden werden kann, und welche Methoden man in welchen Situationen am besten einsetzt, um das Lernziel zu erreichen. Er muss wissen, wie man Klausuren stellt und systematisch korrigiert und wie man Schüler auch freitags in der letzten Stunde noch motivieren kann. Ein Chef muss seine Firma oder Abteilung kennen, Besprechungen leiten, Konflikte lösen und Menschen führen können. Er braucht ein sicheres Gespür dafür, was er mit seinem Handeln bewirkt und auslöst.

Diese Beispiele könnten unendlich fortgesetzt werden, weil eben jeder Beruf spezifische Anforderungen stellt. Nicht alles kann man lernen, aber vieles – auch wenn es manchmal schwerfällt. Und zur Professionalität gehört, sich das erforderliche Können anzueignen und es ständig aktuell zu halten. Das Fazit lautet kurz und bündig: ohne Können keine Professionalität.

Können hat seine Grundlage in einer guten Allgemeinbildung. Sprache, Mathematik, Physik, Chemie, ergänzt durch geisteswissenschaftliche Fächer wie Geschichte, Gemeinschaftskunde, Ethik, Philosophie, Kunst und Musik bilden eine hervorragende Grundlage, um fachliches Wissen darauf aufzubauen. Je besser die Grundlage ist, umso leichter wird man sich Fachwissen aneignen können. Das, was man weiß und kann, weil man es irgendwann einmal gelernt hat, trägt jedoch nicht durch ein ganzes Berufsleben; deshalb muss man es ständig pflegen und erweitern, weil sich auch die Welt, die Technik und die Gesellschaft weiterentwickeln. Schaut man auf die Computerbranche, erkennt man sehr deutlich, wie schnell ein solcher Wandel vonstattengehen und wie gravierend er sein kann. Der Wandel erfordert ständige Anpassung des Wissens und Könnens, um diese Technik optimal nutzen zu können. Wer sich nicht mit dieser Technik weiterentwickelt, wird das Nachsehen haben und wertvolle Möglichkeiten verschenken.

Darüber hinaus schuldet man auch seinen Auftraggebern die ständige Anpassung an die neuesten Techniken. Kein Bauherr wird zufrieden sein, wenn Architekten und Handwerker mit rückständigen Methoden, überholten Techniken und veralteten Materialien ans Werk gehen. Das gilt sinngemäß auch für alle anderen Bereiche. Deshalb sollte lebenslanges Lernen mittlerweile für uns alle zur Selbstverständlichkeit geworden sein, zu unserem eigenen Nutzen und zum Nutzen unserer Auftraggeber.

5.6 Umsetzungskompetenz

Von Umsetzungskompetenz spricht man, wenn jemand das, was er vorhat, zur vorgesehenen Zeit in die Tat umsetzen kann. Er braucht dazu kein besonderes Glück und keine besonders günstigen Umstände. Er kann es aus sich selbst heraus, weil er weiß, wie es geht, Mittel und Wege dazu kennt und über die erforderlichen Fähigkeiten verfügt. Durch diese Umsetzungskompetenz vollendet er seine Vorhaben und lässt alle Planungen, Anstrengungen und Fähigkeiten wirken. In der Umsetzung finden Wünsche, Gedanken, Pläne und Konzepte ihr Ziel, und dadurch entsteht der Erfolg.

Umsetzungsstarke Menschen schaffen mit relativ geringem Aufwand ein relativ großes Arbeitspensum in relativ kurzer Zeit. Sie verfügen über große Klarheit, kennen dadurch ihre Ziele sehr genau, wissen, warum sie diese Ziele verfolgen, und haben immer einen realistischen Plan. Sie können sich ausgesprochen gut selbst steuern, ihre Aufmerksamkeit und ihren Fokus genau auf die gesteckten Ziele richten und sind handlungsorientiert. Sie folgen keinen nebensächlichen Impulsen oder oberflächlichen Ablenkungen. Sie können sich Abläufe, Ereignisse und Eventualitäten sehr gut im Voraus vorstellen. Sie können Wesentliches von Unwesentlichem trennen und treffen Entscheidungen dann, wenn sie anstehen. Sie zögern nicht. Sie sind realistisch, selbstbewusst und widerstandsfähig gegen Stress und psychische Störungen und sie können emotionale Schwankungen gut beherrschen. Je deutlicher diese Eigenschaften ausgeprägt sind, umso leichter gelingt ihnen die Umsetzung von Vorhaben und umso erfolgreicher sind sie.

Wenn wir unsere Umsetzungskompetenz stärken wollen, müssen wir uns zuerst um Klarheit bemühen. Klarheit über unsere Ziele und die Wege dorthin. Wenn wir die Fragen danach, was wir wollen und wie wir das erreichen können, nicht genau genug beantworten können, sind wir noch nicht klar genug und müssen weiterfragen. Sobald wir aber klar sind, können wir an die Durchführung beziehungsweise Umsetzung gehen. Das Wichtigste machen wir zuerst, dann kommen nach absteigender Wichtigkeit die weiteren Aufgaben. Falls dann trotz aller Planung die Zeit nicht reichen sollte, ist das Wichtigste erledigt.

Wollen Sie prüfen, wie stark Ihre Umsetzungskompetenz schon ausgeprägt ist, können Sie in Ihrem persönlichen Kalender Ihre Vorhaben eintragen und ständig fortschreiben und am Ende des jeweiligen Arbeitstages abhaken, was Sie vollständig erledigt haben. Vielleicht gelingt Ihnen anfangs nicht alles, was Sie sich vorgenommen haben, aber es wird durch diese Aufzeichnungen sichtbar und Sie können sich an ihnen orientieren. Das ist eine gute Voraussetzung zur Verbesserung, und die Zeit, die Sie für die Notizen brauchen, werden Sie schnell wieder eingespart haben.

5.7   Soziales Verhalten

Der Leitgedanke, der zu professionellem Verhalten führt, lautet: Verhalte dich so, dass man lange solide mit dir zusammenarbeiten möchte und kann. Das bedeutet zuerst einmal, dass die Merkmale der Professionalität – Aufgabentreue, Ergebniszuverlässigkeit, Vollständigkeit und Pünktlichkeit – und die Voraussetzungen für Professionalität – Verantwortung, Realismus und Klarheit – angestrebt werden. Das ist eine gute Basis für eine erfolgreiche Zusammenarbeit. Ohne diese würden andere das Interesse an einer Zusammenarbeit mit uns verlieren, weil keine Erfolge eintreten würden, und der Erfolg ist ja das übergeordnete Ziel. Wenn er mit Ihnen nicht erreicht oder durch Sie wiederholt gefährdet wird, ist die Zusammenarbeit mit Ihnen auf Dauer sinnlos.

Professionelles Verhalten geht aber weit über diese funktional orientierten Anforderungen hinaus. Wertschätzung, Akzeptanz anderer Sichtweisen und Standpunkte sowie der Wille zur konstruktiven Zusammenarbeit und zu einem rücksichtsvollen Umgang miteinander prägen das Verhalten des Profis und sind ihm wichtig. Wer keine Empathie empfinden und keine Gefühlsverbindung zu seinem sozialen Umfeld aufbringen kann, wird sich selbst schwertun und für andere ein schwieriger Partner sein. Besonders die Mitarbeiter solcher Menschen leiden erheblich und bleiben hinter ihren Möglichkeiten zurück. Manche kündigen, weil sie es nicht länger aushalten oder sich dieser Belastung nicht mehr aussetzen wollen. Doch ob Mitarbeiter oder Geschäftspartner: Menschen müssen als Menschen gesehen, gehört und gefragt werden. Sie brauchen Aufmerksamkeit und müssen als Individuum in Vorhaben und Entscheidungen Berücksichtigung finden. Genauso wie Kinder keine kleinen Erwachsenen sind, sind Menschen keine Maschinen aus Fleisch und Blut, sondern individuelle Wesen mit Gefühlen. Werden sie gut behandelt, wachsen sie, und manchmal wachsen sie sogar über sich hinaus und erbringen Höchstleistungen. Werden sie schlecht behandelt, fühlen sie sich nicht geachtet, übergangen oder gar zurückgesetzt, ziehen sie sich innerlich zurück, sind nicht mehr in der Lage, kreativ zu arbeiten, und leisten nicht das, was sie eigentlich leisten könnten. Weder quantitativ noch qualitativ. Ein Vorgesetzter kann mit einem einzigen unbedachten oder gar bösartigen Satz die Motivation von einzelnen Mitarbeitenden oder ganzen Gruppen mit einem Schlag zunichtemachen. Und er wird lange brauchen, diese Motivation wiederaufzubauen. Natürlich könnte man jetzt sagen, das ist alles Gefühlsduselei und die sollen nicht so empfindlich sein. So einfach ist das aber nicht. Jeder empfindet eine Situation anders, und es kommt nicht nur darauf an, wie eine Situation ist, sondern auch darauf, wie sie empfunden wird. Auch das ist Realität. Und wie in der Mechanik, der Informatik oder der Elektrotechnik gibt es auch in der Psyche gewisse Abläufe, die nicht so einfach zu ändern sind und die schon gar nicht ignoriert werden dürfen. Wer das nicht anerkennt, erkennt die Realität nicht an. Und wie wir weiter oben bereits gesehen haben, schlägt die Realität zurück, wenn man sie missachtet.

Die Missachtung dieser »weichen« Faktoren hat gravierende Folgen für die Professionalität: Auf Verletzungen wird mit Rückzug, Verweigerung oder auch mit Aggression reagiert. Dadurch wiederum werden Barrieren aufgebaut, die dazu führen, dass nicht mehr alles gesagt wird, was gesagt werden müsste, dass nicht mehr alles gefragt wird, was gefragt werden müsste, und dass in der Folge die Zusammenarbeit stark behindert wird. Statt Barrieren aufzubauen, Kommunikation zu behindern und dadurch die Zusammenarbeit zu erschweren, sollten wir uns so verhalten, dass Wege immer wieder neu geöffnet und geebnet werden und falls doch eine Barriere entsteht, diese gleich wieder abgebaut werden kann. Profis verhalten sich so, dass man gerne mit ihnen zusammenarbeitet. Sie signalisieren, dass es keine Denkverbote gibt und alle Gedanken offen ausgesprochen werden können. Sie nehmen Bedenken ernst. Sie akzeptieren die Wissens- und Belastungsgrenzen anderer, bedrohen andere nicht und treiben niemanden in Aktionismus. Profis erkennen an, dass Leistung nicht nur durch das Wollen, sondern oft auch durch das persönliche Können und die persönlichen Fähigkeiten begrenzt wird und dass es in der Natur des Menschen liegt, dass wir unsere Grenzen oft nicht oder nur bedingt erweitern können. Wer das nicht glaubt, kann ja mal versuchen, seine eigenen Grenzen derart zu erweitern, dass er die Gedanken von Albert Einstein oder Immanuel Kant nachvollziehen oder die Tricks eines Hütchenspielers nachmachen kann. Wenn wir diese Begrenzungen, unsere eigenen und die der anderen, anerkennen, haben wir eine Basis für eine gelingende, dauerhafte und fruchtbare Zusammenarbeit auf persönlicher Ebene. Auch wenn wir dadurch im Einzelnen manchmal hinter den gewünschten Ergebnissen zurückbleiben, sind wir im größeren Zusammenhang nahe am Optimum.

5.8 Zuverlässigkeit

Zuverlässigkeit schafft Vertrauen. Nur mit Vertrauen können Vorhaben planmäßig umgesetzt werden. Wir können zwar versuchen, alles zu kontrollieren, das wird aber an der Wirklichkeit scheitern. Deshalb ist Vertrauen und damit verbunden auch die Vertragstreue unter Geschäftspartnern ein hohes Gut. Wem man nicht vertrauen kann, wer nicht vertragstreu, wer nicht zuverlässig ist, ist kein guter Partner und wird nach Möglichkeit gemieden. Dabei geht es nicht nur um schriftlich Vereinbartes. Auch Vereinbarungen, Abmachungen und Absprachen, die nicht schriftlich geschlossen wurden, sind Verträge und müssen eingehalten werden. Das gilt im Geschäftlichen wie im Privaten.

Zuverlässig handelt der, der sich so verhält und so handelt, wie es ausdrücklich oder stillschweigend vereinbart wurde oder aufgrund der allgemeinen Gepflogenheiten erwartet werden kann. Wenn das stillschweigend Vereinbarte nicht gelten soll, muss man klar und deutlich widersprechen, um davon frei zu sein. Ist der Vertragspartner damit nicht einverstanden, muss er seinerseits widersprechen. Das muss so lange hin und her gehen, bis die Vereinbarung klar ist und sich beide darüber einig sind.

Der Grundsatz lautet: »Halte dich an Abmachungen.« Das betrifft sowohl Abmachungen mit anderen als auch Abmachungen mit sich selbst. Damit man Abmachungen mit anderen einhalten kann, muss man zuerst die Abmachungen mit sich selbst einhalten. Man muss sich vorbereiten, man muss Material besorgen und Informationen zusammenstellen und man muss sich rechtzeitig aufmachen, um pünktlich zu sein. Das macht man normalerweise nicht anhand eines Plans oder einer Checkliste, sondern eher intuitiv. Trotzdem sind dies Handlungen, die man sich vornimmt, die man stillschweigend mit sich selbst vereinbart und die umgesetzt werden müssen, um Vereinbarungen mit anderen einhalten zu können.

Bezüglich der Zuverlässigkeit unterscheide ich drei Bereiche:
- Zuverlässigkeit bei Aussagen
- Zuverlässigkeit im Handeln
- Zuverlässigkeit bei Terminen

5.8.1 Zuverlässigkeit bei Aussagen

Die Zuverlässigkeit bei Aussagen steht am Anfang. Wenn die Aussagen nicht zuverlässig sind, kann alles Weitere auch nicht zuverlässig sein. Gefährdet wird die Zuverlässigkeit – wie oben bereits angesprochen – von Vermutungen, Schätzungen, Interpretationen und leichtfertig daher Gesagtem. Habe ich mir überlegt, was ich möchte? Habe ich mir überlegt, ob eine Aufgabe machbar ist? Habe ich geprüft, ob ich zu einem zugesagten Termin nicht schon etwas anderes eingeplant habe? Habe ich mir überlegt, ob das, was ich sage, überhaupt sein kann?

Wenn Sie solche Fragen auch nur gelegentlich mit »nein« beantworten müssen, ist Ihre Zuverlässigkeit noch nicht stark genug ausgeprägt. Sie können sie verbessern, indem Sie sich selbst Fragen stellen wie:»Woher weiß ich das eigentlich?« oder »Wie komme ich darauf?«, »Habe ich das geprüft?« oder »Wie kann ich das belegen?«. Dies sind elementare Fragen, die Sie sich selbst und im Zweifel auch anderen stellen können – zur Übung und zur Steigerung der eigenen Zuverlässigkeit, aber auch zur Überprüfung, wie zuverlässig die Aussagen anderer sind. Stellen Sie einfach mal eine dieser Fragen, und Sie und die Gefragten werden schnell erkennen, wie solide ihre Aussagen sind und wie es um deren Zuverlässigkeit bestellt ist. Achten

Sie auf zuverlässige Aussagen bei sich selbst und bei anderen und Sie haben immer einen guten Ausgangspunkt für das weitere Handeln.

5.8.2 Zuverlässigkeit im Handeln

Zuverlässigkeit im Handeln bedeutet, das zu tun, was vereinbart wurde – inhaltlich und fachlich. Das heißt, ich arbeite an dem, was vereinbart wurde, ich mache es fachgerecht, weil nur dadurch eine solide Ausführung garantiert wird und weil es vom Auftraggeber auch so erwartet werden darf. Falls er aber verlangt, es mit der fachgerechten Ausführung nicht ganz so ernst zu nehmen, vielleicht weil er annimmt, es ginge dann schneller, würde weniger kosten, oder weil er die Problematik und das Risiko nicht versteht, ist Vorsicht geboten. Die Wahrscheinlichkeit ist hoch, dass er die Gefahren seiner Forderung überhaupt nicht kennt und sich im Nachhinein beschwert, wenn sich diese dann realisieren. Danach streitet man sich dann darum, wer den Schaden bezahlt und wer für eventuelle Folgeschäden aufkommt. Deshalb wird sich ein Profi auf solche Kompromisse gar nicht erst einlassen. Er handelt entweder richtig oder gar nicht. Gesparter Aufwand und gesparte Kosten sind irgendwann vergessen und keiner redet mehr davon, bleiben werden aber der Ärger und die Erinnerung daran, dass da jemand nicht sauber gearbeitet hat. Die Frage nach dem Warum stellt dann niemand mehr, und der Ruf des Profis ist beschädigt. Deshalb ist man gut beraten, sein Handeln an den sachlichen Anforderungen auszurichten und dies mit dem Auftraggeber ordnungsgemäß abzustimmen. Wenn das gemacht ist, kann wieder ordentlich und zuverlässig gearbeitet werden.

Zur Zuverlässigkeit im Handeln gehört natürlich auch, dass die bereits in Kapitel 4 behandelten Merkmale der Professionalität berücksichtigt werden, dass nichts vergessen wird und nichts verloren geht. Dazu bedarf es einer gewissen Struktur und Ordnung. Und nicht zuletzt muss auch die Vertraulichkeit gewahrt werden, die ebenfalls eine Form der Zuverlässigkeit im Handeln ist und auf die ich weiter unten näher eingehe.

5.8.3 Zuverlässigkeit bei Terminen

Unser Kulturkreis ist sehr stark vom Kalender und der Uhr bestimmt. Deshalb wird eine fehlende Zuverlässigkeit bei Terminen als besonders unangenehm und ärgerlich empfunden. Doch das ist nur das kleinere Übel. Viel schlimmer ist es, dass ohne Zuverlässigkeit bei Terminen jegliche Planung gnadenlos scheitern muss. Der eine bereitet sich vor und wartet und der andere kommt nicht. Er hat nicht einmal abgesagt, und schon gar nicht rechtzeitig. Der Wartende hat nicht nur Zeit verloren, sondern kann möglicherweise seinerseits gemachte Zusagen nicht einhalten. Weitere Termine fallen um wie Dominosteine – einer nach dem anderen.

Natürlich ist es so, dass wir selbst nicht immer Herr unserer Zeit sind, und es ist auch nicht immer möglich, Zeitaufwände genau abzuschätzen. Aber manchmal kann man Termine beenden, wenn die eingeplante Zeit um ist, und einen neuen Termin ansetzen. Damit vermeidet man eine Kettenreaktion an Terminverschiebungen. Man kann auch frühzeitig über Verspätungsrisiken oder tatsächlich absehbare Verspätungen informieren, damit die Betroffenen die Zeit sinnvoll nutzen können. Kurzum, wir können alles tun, das wir selbst von anderen erwarten würden.

Trotz aller Sorgfalt und gründlicher Planung bleibt es jedoch nicht aus, dass die Zeit für ein Vorhaben einfach nicht reicht und wir zusehen müssen, dass wir auch solche Situationen professionell handhaben. Das beginnt – wen wundert es – wieder einmal mit der Kommunikation und der Abstimmung darüber, wie weiter vorgegangen werden soll. Dabei geht man die Optionen durch, die in der jeweiligen Situation zur Verfügung stehen. Man kann beispielsweise prüfen, ob man den Termin für die Fertigstellung verschieben kann. Man kann die Arbeit auf ein größeres Team beziehungsweise auf mehrere Maschinen verteilen. Man kann prüfen, ob man die Aufgabe reduzieren, auf Teilaufgaben verzichten oder deren Komplexität verringern kann. Und wenn auch das alles nicht hilft, muss man die Qualität herunterfahren, um schneller voranzukommen. Das geht natürlich nur in Abstimmung mit dem Auftraggeber und darf auf keinen Fall leichtfertig erfolgen. Aber wie man sieht, gibt es immer Optionen, und man muss sich dann für die entscheiden, die am wenigsten wehtut. Das ist nicht optimal, aber allemal besser, als unabgestimmt Termine verstreichen zu lassen und abzuwarten, was dann passiert. Einen Auftraggeber trotz besseren Wissens in ein erhebliches Terminrisiko laufen zu lassen, wäre grob fahrlässig und ein Ausschlusskriterium für eine weitere Zusammenarbeit.

Wer unpünktlich ist, dem gegenüber wird man auch unpünktlich sein, und wer pünktlich ist, dem gegenüber wird man pünktlich sein – tendenziell jedenfalls. Wenn wir bei Terminen zuverlässig sind, wirkt sich das auf die ganze Aufgabenerfüllung aus, vermeidet unnötige Diskussionen und Ärger. Wenn wir bei den Terminen zuverlässig und berechenbar sind, ist das für alle sehr angenehm und hilfreich. Dazu gehört auch, dass man einmal vereinbarte Termine so einhält, wie sie ursprünglich vereinbart wurden. Das gilt auch dann, wenn man sie mit genügend Vorlaufzeit absagen oder verschieben könnte, denn ehe man sich´s versieht, kommt man in einen Verschiebemarathon, der alle nervt, auch wenn sie sich das nicht anmerken lassen. Wer ständig anruft und sagt: »Ich komme etwas später!« oder fragt: »Können wir uns auch da oder da treffen?«, hat noch nicht verstanden, was Zuverlässigkeit bei Terminen bedeutet. Zuverlässigkeit bei Terminen bedeutet: einmal vereinbart und so wird es gemacht. Und genau das streben wir an.

5.9 Antizipation

Fachleute werden immer wieder gefragt: »Was wird sein, wenn …?« Profis können sehr gut abschätzen, wie etwas verlaufen und wie lange es dauern wird, welche Schwierigkeiten auftreten könnten und wie die Wahrscheinlichkeiten dafür sind. Sie können antizipieren, das heißt, sie können, bevor etwas geschieht, erkennen, was zu erwarten ist, wie Abläufe sein werden und welche günstigen und ungünstigen Umstände eintreten können. Und weil sie das können, kommen sie auch sicher an ihre Ziele. Sie stehen niemals vor einem selbstangerichteten Scherbenhaufen und sagen: »Das konnte man nicht wissen!« – Doch, man konnte.

Antizipationsfähigkeit ist zwar dem einen mehr gegeben als dem anderen, man kann sie aber bewusst fördern. Die Zauberworte dazu heißen Nachdenken, Mitdenken und Vorausdenken. Nachdenken darüber, wie ähnliche Arbeiten bisher abgelaufen sind, was geklappt hat und was schiefgegangen ist und was jeweils die Gründe dafür waren. Mitdenken bei dem, was man gerade tut, und aktiv überlegen, wie es weitergehen, was vermutlich gut gehen und wobei es Schwierigkeiten geben wird. Wie gesagt, aktiv überlegen! Das bedeutet, nicht nur einfach eine Annahme zu treffen, sondern herauszuarbeiten, welche Faktoren diese Annahme stützen und welche dagegensprechen. So kann man das üben und es wird einem von Mal zu Mal leichter fallen und man wird in der Vorausschau zunehmend treffsicherer werden. In Kapitel 6 werde ich die Machbarkeitsklärung und Reflexion erläutern und nochmal darauf zurückkommen, welche Fragen die Antizipationsfähigkeit stärken und unsere Treffsicherheit erhöhen.

5.10 Vertraulichkeit

Es sollte sich von selbst verstehen, dass Dinge, die als vertraulich oder sogar als geheim gekennzeichnet sind, als solche behandelt und an niemanden weitergegeben werden. Sie dürfen auch nicht dem besten Freund oder der besten Freundin erzählt werden. Vertraulich ist vertraulich und geheim ist geheim. Darauf müssen wir uns verlassen können und andere müssen das auch. Auch der freundschaftliche Satz: »Aber mir kannst du es doch sagen!«, ändert daran nichts. Wenn Sie einer solchen Aufforderung nachgeben, weiß Ihr Gegenüber, dass man Ihnen nicht vertrauen kann. Man muss Sie nur mehr oder weniger stark drängen, und schon packen Sie aus und es ist vorbei mit dem Vertrauen. Wenn Ihr Gegenüber klug ist, wird er Ihnen ab diesem Moment nichts Wichtiges mehr anvertrauen. Das würden Sie umgekehrt wohl auch nicht tun.

In Vertrauenssachen muss man sehr feinfühlig und vorsichtig sein. Man sollte lieber mal etwas zurückhalten, als es zu früh herauszugeben. Vertrauliche Informationen, die einmal bekannt geworden sind, fängt man nicht wieder ein. Am besten, man verhält sich gegenüber anderen so, dass sie erst gar nicht auf die Idee kommen, man könnte etwas wissen, was sie nicht wissen dürfen. Das »Ich weiß was, aber ich sag es nicht!«, mit dem kleine Kinder gerne angeben, sollte bei den kleinen Kindern bleiben. Im Profibereich hat das nichts zu suchen, auch dann nicht, wenn es viel subtiler kundgetan wird.

Ein Freund von mir wurde einmal von seinem Chef bedrängt, ihm vertrauliche Informationen zu geben, die nicht für ihn bestimmt waren. Er lehnte das ab mit dem Hinweis: »Wenn ich Ihnen das jetzt sage, können Sie mir nie mehr vertrauen. Denn dann wüssten Sie, dass ich nichts für mich behalten kann und auf Drängen hin alles ausplaudere.« Da war der Chef tief beeindruckt und hat das akzeptiert. Denn in diesem Moment hat er erkannt, was wirkliche Vertraulichkeit bedeutet.

Vertrauliches und Geheimes werden oft als solches gekennzeichnet, entweder formell mit der Aufschrift »vertraulich« oder »geheim« oder im persönlichen Gespräch mit Sätzen wie »Das geht niemanden etwas an!« oder »Das bleibt aber unter uns!«. Solche Hinweise werden schnell vergessen. Deshalb noch einmal der Rat, in Vertrauensangelegenheiten sehr zurückhaltend zu sein.

Es sind aber nicht nur Dinge vertraulich, die als solche markiert wurden, sondern es gibt auch Informationen und Situationen, bei denen erwartet wird, dass sie vertraulich behandelt werden. Das sind zum Beispiel Finanzangelegenheiten, Krankheits- oder Beziehungsthemen. Wenn ein Profi damit nicht umgehen kann, setzt er seine Vertrauenswürdigkeit aufs Spiel und gilt dann ganz schnell nicht mehr als Profi.

6.   Der Weg des Profis

Sie haben nun die Merkmale von Professionalität vor Augen und kennen die Voraussetzungen für professionelles Arbeiten. Jetzt geht es um das konkrete Vorgehen in der Praxis. In den folgenden Abschnitten habe ich den typischen Ablauf beschrieben, wie ein Profi seine Aufgaben erledigt, beginnend mit der Aufgabenstellung bis hin zur Durchführung und der anschließenden Nachbetrachtung und Bewertung, der sogenannten Reflexion.

Wer Professionalität erlernen und trainieren möchte, sollte immer wieder Schritt für Schritt diesem Vorgehen folgen. Und wer nach der Durchführung der gestellten Aufgabe nicht aufhört, sondern in die Reflexion einsteigt und diese sorgfältig vollzieht, wird besonders viel lernen und das Gelernte sehr schnell verinnerlichen. Das ist eine gute Voraussetzung für dauerhafte Professionalität. Es braucht dazu zwar Disziplin und Durchhaltevermögen, aber es lohnt sich auf jeden Fall.

6.1   Aufgabenstellung

Jemand, der einem anderen eine Aufgabe überträgt, erwartet, dass dieser an der gestellten Aufgabe arbeitet, sodass das gewünschte Ergebnis erreicht wird. Damit das gelingen kann, muss der Aufgabensteller zuerst selbst genau wissen, was er will und was das Arbeitsergebnis sein soll. Je besser er das weiß und je genauer er das beschreiben kann, umso eher wird er es bekommen.

Je komplexer die Aufgabe, umso genauer muss sie beschrieben sein und umso genauer muss der Aufgabensteller wissen, was er will. Der Beauftragte muss diesen Willen kennen und verstehen, um gezielt auf das gewünschte Ergebnis hinarbeiten zu können. Bei einfachen Aufgaben genügen einfache Beschreibungen, bei komplexen Aufgaben braucht es komplexe Beschreibungen. Schließlich ist es ein Unterschied, ob man ein Brot kaufen, eine Waschmaschine reparieren oder ein Haus bauen soll. Ist die Beschreibung unklar oder unzureichend, kann die Aufgabe nicht zuverlässig gelöst werden. Natürlich kann es sein, dass zufällig das Richtige getan wird, also zufällig genau das Brot gekauft wird, das der Auftraggeber haben möchte, aber das wäre dann eben ein glücklicher Zufall und keine solide Aufgabenerfüllung. Eine professionelle Aufgabenerfüllung ist unabhängig von Glück und Zufall. Damit jedoch eine Aufgabe überhaupt professionell erfüllt werden kann, muss am Anfang einer jeden Aufgabenübertragung eine solide Aufgabenstellung stehen. Ich schreibe hier bewusst nicht »sollte«, sondern »muss«, weil eine Aufgabe nur dann professionell und erfolgreich erledigt werden kann, wenn präzise benannt wurde, worin diese Aufgabe besteht. Nur wenn der Aufgabensteller genau sagt, was er erwartet, kann er sich mit dem Ausführenden darüber einig werden, und nur dann kann die spätere Erledigung erfolgreich sein. Erfolgreich sein, bedeutet, wie bereits erwähnt, dass die Erledigung die Erwartung erfüllt. Und das setzt voraus, dass die Erwartung zweifelsfrei und unmissverständlich in der Aufgabenstellung benannt ist. Ist sie das nicht, lässt sie Raum für Interpretation und erzwingt vielleicht sogar Annahmen und Vermutungen. Dies wiederum führt schnell zu Abweichungen und falschen Ergebnissen. Durch die Aufgabenklärung, die im nächsten Abschnitt behandelt wird, kann solchen Abweichungen vorgebeugt werden. Sie kann jedoch naturgemäß erst dann beginnen, wenn eine Aufgabenstellung vorliegt.

In der Aufgabenstellung muss aufgeführt sein, was bis wann zu tun ist. Je nach Situation kann es zudem erforderlich sein, zu klären, wie, wo und von wem es zu tun ist und worauf es besonders ankommt.

Eine Aufgabenstellung verdient das Prädikat »professionell«, wenn sie so beschaffen ist, dass sie ohne weitere Rückfragen vollständig und richtig bearbeitet werden kann. Das heißt, alles, was der Ausführende wissen muss, muss darin verständlich, nachvollziehbar, vollständig und klar beschrieben und erklärt sein:

- **Verständlichkeit** erreichen wir durch eine gute Sprache. Das heißt, es stimmen Rechtschreibung, Zeichensetzung und Satzbau, und Begriffe werden sachgerecht verwendet. So ist beispielsweise »dasselbe« nicht dasselbe wie »das gleiche«. Wenn ein Maler dasselbe Haus streicht wie letzte Woche statt das gleiche, das neben dem ersten Haus steht, dann hat ein Haus zwei Anstriche und das andere keinen.

  Verständlichkeit dient der Klarheit. Je komplexer eine zu erfüllende Aufgabe ist, umso mehr kommt es auf solche sprachlichen Feinheiten an.

- **Nachvollziehbarkeit** kann durch eine logische Struktur erreicht werden, in der zuerst allgemein beschrieben wird, worum es geht, und danach, entsprechend den sachlichen Zusammenhängen, vom Groben ins Feine verzweigt wird.

  Beispiel: »Wir wollen bis zum Herbst des nächsten Jahres ein freistehendes, dreistöckiges, möglichst energieeffizientes Einfamilienhaus mit Loggia und Garten bauen.« Anhand dieses einen Satzes bekommt der Leser bereits einen groben Überblick über die Aufgabe. Es ist angegeben, was die Auftraggeber wollen, bis wann sie es wollen und worauf es ihnen zusätzlich ankommt. Von diesem Satz aus wird die Aufgabenbeschreibung immer weiter verfeinert, bis die Auftraggeber irgendwann bei der Art der Heizung, der Innenausstattung und der Gartengestaltung angekommen sind.

- **Vollständigkeit** ist notwendig, damit ersichtlich ist, was alles zu tun ist. Neben der Hauptaufgabe müssen alle Teilaufgaben und wichtige Details beschrieben werden. Das erleichtert dem Auftragnehmer die Planung und mindert die Gefahr, dass er etwas übersieht. Der Auftraggeber muss später nichts nachreichen und die erstellte Planung bleibt stabil und zuverlässig.

- **Klarheit** beugt Missverständnissen vor und stellt sicher, dass Auftraggeber und Auftragnehmer nicht nur dieselben Begriffe verwenden, sondern auch dasselbe damit meinen. Durch Klarheit wird, wie bereits ausgeführt, alles sichtbar, was sichtbar sein muss, und alle Angaben sind eindeutig und gewiss.

Wenn eine Aufgabenstellung verständlich, nachvollziehbar, vollständig und klar beschrieben ist, kann sie rückfragenfrei gelesen, verstanden und bearbeitet werden. Es gibt keine Interpretationsspielräume, Annahmen und Vermutungen braucht es nicht mehr. Der Kommunikationsaufwand wird stark vermindert, und es muss nicht alles ständig revidiert, in Frage gestellt und über den Haufen geworfen werden. Das spart viel Zeit und viel Geld und schont die Nerven.

6.2 Aufgabenklärung

Wenn man gute Ergebnisse abliefern möchte, muss man die Aufgabenbeschreibungen genau betrachten und prüfen, denn nicht immer sind die Aufgaben so einfach, wie es auf den ersten Blick scheint. Und auch bei relativ einfachen Aufgaben kann es erheblichen Klärungsbedarf geben, das heißt, wir müssen Klarheit über die zu erfüllende Aufgabe schaffen. Es müssen die Einzelheiten präzise genannt werden. Diese Fragen sind dabei hilfreich:

- Was ist zu tun?
- Wie ist es zu tun?
- Wann beziehungsweise bis wann ist es zu tun?
- Von wem ist es zu tun?
- Auf welche Details kommt es an?

Nicht immer müssen all diese Fragen beantwortet werden, manchmal aber reichen sie nicht aus. Dann muss der Auftragnehmer weiter nachfragen. Denn so, wie der Aufgabensteller die Aufgabe möglichst exakt stellen muss, muss der Auftragnehmer alles in seiner Macht Stehende tun, um die Aufgabenstellung aus seiner Sicht zu klären. Er muss den Auftraggeber darauf hinweisen, wo Angaben fehlen oder Unschärfen vorliegen. Er muss darauf hinweisen, wo Schwierigkeiten zu erwarten sind und wie man diese entschärfen könnte. Das gilt besonders dann, wenn für die Ausführung der verlangten Leistungen erhebliches Fachwissen erforderlich ist – Fachwissen, das der Auftraggeber normalerweise nicht hat. Geht es um den Kauf eines Brots, ist das weniger der Fall als bei der Reparatur der Waschmaschine. In unserem Eingangsbeispiel reicht es dem Profi Uwe, wenn man ihm die festgestellten Symptome nennt. Was er darüber hinaus noch wissen muss, fragt er gezielt nach oder testet es aus. Entsprechend verhält es sich beim Bau eines Hauses, bei dem der Wissensunterschied zwischen Bauherrn, Architekt und Bauunternehmer normalerweise sehr groß ist und der Bauherr die zahlreichen Möglichkeiten und Risiken nicht kennt und deshalb von den Fachleuten darauf hingewiesen werden muss. Je komplexer die Anforderungen sind und je größer das zur Lösung erforderliche Fachwissen ist, umso größer ist die Mitverantwortung des Beauftragten beziehungsweise der Fachleute an der Erstellung, Verfeinerung und finalen Klärung der Aufgabenstellung. Spätestens dann, wenn die Übernahme der Aufgabe zugesagt wird, sollte deren Machbarkeit sichergestellt und alles geklärt sein, was zu diesem Zeitpunkt geklärt werden konnte.

6.3   Machbarkeitsklärung

Die vollständige, klare und möglichst rückfragenfreie Aufgabenstellung prüft der Profi hinsichtlich der Machbarkeit der Aufgabe. Dabei erkennt er auch, was er nicht oder nur unter bestimmten Voraussetzungen erfüllen kann, und klärt, was er zusätzlich braucht und ob er dies in ausreichender Menge, in der zur Verfügung stehenden Zeit und mit den verfügbaren finanziellen Mitteln beschaffen kann. Um die Machbarkeit zu klären, helfen dem Profi die folgenden Fragen:

- Habe ich das notwendige Wissen, die erforderlichen Fähigkeiten und ausreichend Erfahrung?
- Habe ich die benötigte Ausstattung?
- Habe ich genügend personelle Kapazitäten?
- Habe ich genügend sachliche Kapazitäten wie Räume, Maschinen, Lagerplätze, Transportmittel etc.?
- Kann ich alles, was ich brauche, in ausreichender Menge, in ausreichender Qualität und mit den verfügbaren finanziellen Mitteln beschaffen?
- Kann ich die Aufgabe zu einem Preis erfüllen, den der Aufgabensteller bezahlen wird?

Erst wenn der Profi diese Fragen positiv beantworten kann, übernimmt er die Aufgabe. Ansonsten wird er das nicht tun, weil die Wahrscheinlichkeit zu hoch ist, dass der Auftrag nicht so erfüllt werden kann, wie der Auftraggeber sich das wünscht.

6.4 Risikobetrachtung

Und damit ist der Profi schon beim nächsten Punkt, der Risikobetrachtung. Dabei fragt er sich, was alles schiefgehen kann, mit welcher Wahrscheinlichkeit etwas schiefgehen wird und wie gravierend das sein wird. Idealerweise erstellt er darauf aufbauend einen Plan B.

Risiken können beispielsweise sein, dass wichtige Mitarbeiter krank werden oder kündigen, Materialien zu spät geliefert werden oder Qualitätsprobleme auftreten. Planungsfehler können sich herausstellen, Vorgaben können sich ändern und nicht zuletzt kann einem das Wetter einen Strich durch die Rechnung machen. Und das sind nur ganz wenige Beispiele. Die wirkliche Zahl der möglichen Störungen tendiert gegen unendlich.

Eine solche Betrachtung hat weniger mit Fundamentalpessimismus als mit Realismus zu tun. Jeder weiß aus eigener Erfahrung, dass immer mal wieder Störungen auftreten, mit denen niemand gerechnet hat. Vieles dauert länger, wird teurer und anders, als ursprünglich geplant. Das ist nicht nur im Großen so, wenn sich beispielsweise ein Flughafenbau verzögert oder ein Bahnhofsumbau um ein Vielfaches teurer wird, als ursprünglich geplant. Auch wenn zur Jubiläumsfeier das Essen nicht rechtzeitig geliefert wird, kalt ist oder nicht schmeckt, ist das ärgerlich und hätte durch umsichtige Planung und professionelle Vorbereitung wahrscheinlich vermieden werden können.

Risiken sieht man nicht immer. Manche sind so versteckt oder die Wahrscheinlichkeit, dass sie sich realisieren, ist so gering, dass es übertrieben scheinen kann, sie aufzuführen. Und doch schlagen sie immer mal wieder zu. Am besten kann man sich davor schützen, wenn man, wo immer dies möglich ist, mit Reserven arbeitet. Auch wenn diese nicht so ausgedehnt sind, dass alle Risiken damit abgedeckt werden können, so mindern sie doch deren Schadenspotenzial. Und das ist doch auch schon mal was.

6.5   Planung

Planung ist die gedankliche Vorbereitung eines Vorhabens. Das Gegenteil von Planung ist Improvisation. Es gibt Menschen, die sehr gut improvisieren können und selten planen. Man muss auch nicht alles planen. Aber ab einer Komplexität, die der eines größeren Lebensmitteleinkaufs entspricht, oder wenn mehrere Menschen an einer Aufgabe beteiligt sind, ist Planung sinnvoll. Und ab einer gewissen Komplexität ist Planen unerlässlich. Bei schwierigen Aufgaben auf Planung zu verzichten, ist nicht nur unprofessionell, sondern auch grob fahrlässig.

Durch die Planung weiß man, was man braucht, wie man das Vorhaben angehen, wie lange die Umsetzung dauern und was das alles kosten wird. Man kann Tätigkeiten zusammenfassen und Abläufe optimieren und dadurch den Arbeitserfolg absichern sowie Zeitaufwand und Kosten verringern.

In der Phase der Planung stellt und beantwortet der Profi folgende Fragen:

- Was ist das Ziel des Vorhabens?
- Welche Aufgaben ergeben sich daraus?
- Was muss ich im Einzelnen tun, um diese Aufgaben zu lösen?
- Ist Schnelligkeit wichtiger als Gründlichkeit oder ist es umgekehrt?
- Welche weiteren Kriterien sind bei dieser Aufgabe wichtig?
- Wen und was brauche ich dazu?
- Wie lange wird es dauern?
- Was wird es kosten?

Diese Fragen bearbeitet der Profi in genau dieser Reihenfolge. Seine Antworten und die daraus entwickelte Planung hält er detailliert schriftlich fest. Angefangen beim Einkaufszettel bis hin zum umfangreichen Projektplan entscheidet er sich für eine geeignete Aufzeichnungsform, die der Komplexität der Aufgabe angemessen ist. So schafft der Profi eine gute Grundlage für die Durchführung der einzelnen Schritte und ein hilfreiches Informationssystem für die Beteiligten. Daraus kann jeder jederzeit ersehen, was er bis wann zu tun hat, was bereits erledigt ist und wo Termine knapp werden oder sogar schon überschritten sind. Entsprechendes gilt für die Kosten. Ob der Profi gut oder schlecht geplant hat, wird er an den Abweichungen erkennen, die während oder spätestens nach Abschluss der durchgeführten Arbeiten in Form von Funktions-, Qualitäts-, Zeit- und Kostenabweichungen sichtbar werden.

6.6 Vorbereitung

Die Vorbereitung erfolgt zwischen der Planung und der eigentlichen Durchführung. Hier wird dafür gesorgt, dass alles, was zur Durchführung gebraucht wird, zum Bedarfszeitpunkt zur Verfügung steht. Die Basis dafür bildet der Plan. Daraus sollte ersichtlich sein, welche Personen wann was tun, was dazu gebraucht wird und wann dies alles verfügbar und einsatzbereit sein muss. To-do-Listen werden aufbereitet, Einsatzpläne werden verteilt und Materialien werden beschafft. Pläne können je nach Aufgabe vollständig anders aussehen. Schließlich ist eine Hausrenovierung etwas ganz anderes als eine Feier zum Firmenjubiläum, und das wirkt sich natürlich auf den Plan aus.

Vorbereitung geschieht nicht nur am Anfang der Durchführung. Vielmehr geht sie den einzelnen Arbeitsschritten immer so weit voraus, dass alles Benötigte rechtzeitig verfügbar ist und auch jeder rechtzeitig weiß, was er zu tun hat. Bei der Vorbereitung ist also Umsicht erforderlich. Auch das ist etwas, das den Profi vom Nicht-Profi unterscheidet.

6.7 Durchführung

Erst nach der Planung und der Vorbereitung kommt die eigentliche Durchführung: Es wird umgesetzt, was in der Aufgabenstellung steht. Hier zeigt sich, ob die Aufgabe vom Aufgabensteller gut beschrieben und zwischen diesem und dem Aufgabennehmer hinreichend geklärt und abgestimmt wurde. Außerdem zeigt sich, ob die Machbarkeit vom Aufgabennehmer solide geprüft und die Risiken richtig eingeschätzt wurden. Wenn beide bisher sauber gearbeitet haben, wird es ein Leichtes sein, die Früchte der Vorarbeiten nun bald zu ernten.

In der Durchführung achtet der Profi auf Aufgabentreue, Ergebniszuverlässigkeit, Pünktlichkeit und Vollständigkeit, ganz so, wie es die Merkmale von Professionalität vorgeben. Der Profi arbeitet genau an der gestellten Aufgabe und achtet ständig darauf, dass er nicht davon abweicht. Das erfordert, die Arbeiten ständig zu beobachten und laufend mit der Aufgabenstellung abzugleichen. Falls notwendig, greift er frühzeitig steuernd ein und wird so seiner Verantwortung gerecht. Über Störungen, die auftauchen, oder Umstände, die ihn zur Abweichung von der Planung oder gar von der Aufgabenstellung zwingen, kommuniziert er frühzeitig mit dem Auftraggeber und nicht erst dann, wenn es zu spät ist und jener seine Vorstellungen nicht mehr einbringen kann. Dabei schildert der Profi die Situation realistisch und verständlich und achtet dabei auf Klarheit und Rückfragenfreiheit, um die Kommunikation zu vereinfachen, zu beschleunigen und von Missverständnissen frei zu halten. Neue Situationen sind auch für den Auftraggeber neu und deshalb muss er darüber informiert werden, weil er eventuell die Aufgabenstellung verändern will oder verändern muss. Dieses Recht hat er dann, und es muss ihm zugestanden und Änderungen müssen ermöglicht werden.

Zur Steuerung der Durchführung gehören auch die permanente Überwachung der Termine und Kosten und eine ständige Vorausschau, wie es weitergehen wird. Wird es Umstände geben, durch die sich die Kosten und Zeitbedarfe verändern könnten, kommt eine Grippewelle, ein Unwetter oder ein Streik auf uns zu? Kommt eine neue Gesetzeslage, von der die Durchführung betroffen sein wird, und was genau bedeutet das für unsere Arbeit? Gibt es Anzeichen dafür, dass neue Risiken plötzlich aus unerwarteter Richtung kommen könnten? Solche und zahllose andere Fragen muss der Profi bei der Durchführung ständig im Blick haben, wenn er den Erfolg seiner Arbeit sicherstellen will. Wenn dann am Ende alles gelungen ist, hat er alles richtig gemacht.

6.8 Reflexion

In der Reflexion, im ehrlichen, ungeschönten Nachdenken über das eigene Denken, Fühlen und Handeln, zeigt sich der wahre Profi. Die unvoreingenommene und wahrheitsgetreue Reflexion ist die Königsdisziplin der Professionalität. Durch Reflexion erkennt der Profi,

- was er gut und was er weniger gut gemacht hat,
- was gut lief und warum es gut lief,
- was schlecht lief und warum es schlecht lief,
- was er ändern sollte,
- was er beibehalten sollte.

Wer sich mit diesen Fragen befasst, stößt damit einen Lernprozess an, der die Professionalität fördert.

Auf den letzten Punkt möchte ich besonders hinweisen. Denn oftmals wird der Fokus zu sehr auf das gelenkt, was schiefgegangen ist. Was gut gegangen ist und erfolgreich war, wird zumeist als selbstverständlich hingenommen. Das ist es aber nicht. Genauso wie Fehler haben auch Erfolge ihre Gründe. Es gehört zur Reflexion dazu, auch die erfolgssichernden Faktoren zu betrachten, um sicherzustellen, dass sie auch in Zukunft ihren Platz haben und wirken können.

Aber natürlich geht es auch nicht ohne die Betrachtung der Misserfolge. Ein Mediziner erzählte mir einmal, er sei Mitglied in einem Kreis, in dem man sich gegenseitig von den gemachten Fehlern erzählt und gemeinsam überlegt, wie man sie hätte vermeiden können. Ein solcher Kreis setzt eine sehr hohe Kritikfähigkeit und persönliche Reife voraus, und es ist bestimmt nicht immer einfach, gemachte Fehler vor anderen zuzugeben. Aber es liegt ein unendlich großes Lernpotenzial darin, durch das es möglich ist, künftige Fehler zu vermeiden. Deshalb ist Reflexion so wertvoll. Sie ermöglicht uns persönliche Weiterentwicklung und führt zu Verbesserungen, aber nur dann, wenn wir ehrlich sind und uns nicht selbst belügen und frei von Eitelkeit und Scham betrachten, was wir gemacht haben. In einer Reflexion werden angewandte Vorgehensweisen und als sicher betrachtete Wahrheiten in Frage gestellt. Wenn sie als hilfreich, angemessen und erfolgsfördernd bestehen können, gelten sie weiterhin, wenn nicht, müssen sie verworfen werden.

In die Reflexion fließen auch Kritikpunkte ein, die von anderen an uns herangetragen werden. Diese darf man im Einzelnen nicht überbewerten, weil es immer wieder geschieht, dass eine Kritik ausgesprochen wird, die keine solide Grundlage hat. Wenn aber dieselben Punkte wiederholt und von verschiedenen Leuten angesprochen werden, ist das ein triftiger Grund, sich damit auseinanderzusetzen. Für den Profi ist das von großer Wichtigkeit. Denn die meisten Fehler werden, wenn sie nur einmal passieren, toleriert, aber ein zweites Mal dürfen sie nicht mehr vorkommen. Beim zweiten Mal ist die Toleranzgrenze wesentlich niedriger und Streit und Ärger sind vorprogrammiert, und das zu Recht. Denn das wiederholte Auftreten desselben Fehlers zeigt, dass man nichts gelernt hat. Und das wiederum bedeutet, dass sich solche Fehler beliebig oft wiederholen könnten, mit all ihren Konsequenzen.

7. Perfektion

Meine Hinweise und Betrachtungen könnten leicht den Eindruck erwecken, dass immer alles super funktionieren muss; deshalb möchte ich noch etwas zum Thema Perfektion sagen: Etwas, das das Prädikat »perfekt« verdient, muss so beschaffen sein, dass es nicht weiter verbessert werden kann, weil es bereits so gut ist, dass eine Verbesserung überhaupt nicht mehr möglich ist. Das perfekte Leuchtmittel zum Beispiel wäre in Bezug auf sein Energieverhalten so beschaffen, dass alle zugeführte Energie in Licht umgewandelt werden würde, und in Bezug auf seine Haltbarkeit so, dass es nie kaputt geht.

Perfektion ist keine subjektive Bewertung, sondern ein objektiver Maßstab. Dagegen ist das Attribut »optimal« eine relative Bewertung. Es leitet sich vom lateinischen Wort »Optimum«, das Beste, ab. Damit etwas das Beste, also optimal, ist, genügt es, wenn es besser ist als alles andere, was wir haben, und wenn es so gut ist, dass eine weitere Verbesserung keinen weiteren Vorteil bringen würde. Wenn unser bestes Leuchtmittel eine Lichtausbeute von 30 Prozent hat und wenn wir kostenlose Energie im Überfluss hätten, wäre es in diesem Zusammenhang optimal, in einem anderen wahrscheinlich nicht. Das perfekte Leuchtmittel dagegen wäre in jedem Umfeld optimal. Wenn Sie nun Zweifel bekommen, ob es das perfekte Leuchtmittel überhaupt gibt, liegen Sie völlig richtig. Denn irgendetwas kann immer unpassend sein: Es ist zu groß, zu klein, zu stark, zu schwach oder die Lichtfarbe gefällt uns nicht. Und falls doch, ist es vielleicht zu teuer. Das mit der Perfektion scheint also eine schwierige Sache zu sein. Wenn wir versuchen, sie zu erreichen, könnte das sehr mühsam werden.

Und trotzdem streben wir bei unserer Arbeit an, dass alles möglichst gut wird und alles klappt. Das heißt aber nicht, dass alles bis ins kleinste Detail hinein vollkommen sein muss. Es muss nicht alles hundertprozentig stimmen. Selbst wenn es tatsächlich möglich wäre, stets perfekt zu arbeiten, müssten wir wahrscheinlich so viel

Zeit dafür aufwenden, dass für nichts anderes mehr Zeit übrigbliebe, und es würde wahrscheinlich so teuer werden, dass es keiner bezahlen könnte oder wollte. Die Frage nach der Qualität unserer Leistungen lautet deshalb nicht »Ist es perfekt?«, sondern »Ist es gut genug?«. Gut genug, um die Anforderungen zu erfüllen, gut genug, um die Beteiligten zufriedenzustellen, gut genug, um im Wettbewerb bestehen zu können.

Gut genug – das reicht! Weniger sollte es aber auch nicht sein. Wenn dieses »gut genug« so erreicht wurde, dass der Nutzen daraus den angefallenen Aufwand übertrifft, dann kann dieses »gut genug« durchaus optimal sein.

8. Kennzahlen

Wer den Grad seiner Professionalität gerne anhand von Kennzahlen sichtbar machen und überprüfen möchte, ob sie sich im Laufe der Zeit in die richtige Richtung entwickelt, findet im Folgenden einige Professionalitätskriterien, zu denen die Kennzahlen relativ einfach ermittelt werden können. Die Kriterien sind so formuliert, dass die Kennzahlen dazu möglichst klein sein sollen, um für eine hohe Professionalität zu sprechen.

Beachten Sie dabei bitte, dass diese Kennzahlen im Einzelnen keine Beweise, aber sehr starke Indizien darstellen. Ihre Gesamtheit jedoch hat eine hohe Aussagekraft. Die Beweiskraft der Einzelwerte ist deshalb nicht immer gegeben, weil nicht alles und vieles nicht immer von Ihnen selbst beeinflusst werden kann. Wenn sich Arbeiten verzögern, wenn Besprechungen viel länger dauern, als ursprünglich geplant, oder Reklamationen auftreten, die vielleicht nicht berechtigt sind, dann hat das im Einzelfall nicht unbedingt etwas mit Ihnen zu tun. Vielleicht aber doch. Und je mehr solcher Fälle auftreten, an denen Sie beteiligt sind, umso höher ist auch die Wahrscheinlichkeit dafür, dass es etwas mit Ihnen zu tun hat. Das würde bedeuten, dass Sie nach Lösungen suchen sollten. Was man aber auf keinen Fall tun darf, ist, die Schuld permanent bei anderen zu suchen. Professionell sein, bedeutet, den eigenen Anteil an einer Sache realistisch und ehrlich zu betrachten, im Guten wie im Schlechten, sich darüber zu freuen oder die Verantwortung dafür zu übernehmen und Abhilfe zu schaffen. In diesem Sinne sollten Sie die folgenden Kriterien und die von Ihnen dazu ermittelten Häufigkeiten verstehen. Die folgende Liste ist nicht vollständig und kann es naturgemäß auch nicht sein. Es steht Ihnen natürlich frei, genau das herauszupicken, was zu Ihrer Situation passt, und Kriterien für Ihre Arbeit hinzuzufügen.

Verletzung der Aufgabentreue

Sie haben nicht genau an der Aufgabe gearbeitet, an der Sie hätten arbeiten sollen. Das kann beispielsweise geschehen sein, weil Sie unkonzentriert waren, weil die Aufgabe nicht hinreichend geklärt wurde, weil Sie sie nicht richtig verstanden haben oder weil Sie während des Arbeitens das Ziel aus den Augen verloren und einen falschen Weg eingeschlagen haben. Vielleicht haben Sie sich auch immer wieder ablenken lassen oder sich selbst abgelenkt und die Aufgabe immer weiter vor sich hergeschoben.

Rückfragen

Sie haben Informationen an jemanden gegeben, die nicht vollständig, nicht richtig, unverständlich oder unnötig waren, und Sie hätten das wissen können.Sie haben Informationen angefordert und dabei nicht alle erforderlichen Fragen oder die falschen Fragen gestellt oder sich mit unzureichenden Antworten zufriedengegeben, obwohl Sie sich dessen bewusst waren oder das hätten wissen können.

Fehlinformationen

Sie haben falsche Informationen gegeben, Vermutungen oder Schätzungen als Tatsachen kommuniziert. Eventuell haben Sie diese Informationen nicht geprüft, obwohl Sie wussten, dass sie unsicher sind.

Terminabweichungen	Aufgaben wurden nicht rechtzeitig erledigt, Sie haben Termine vergessen, sind zu spät gekommen oder haben zu wenig oder zu viel Zeit eingeplant, obwohl Sie hätten wissen können, wie lange es dauern wird.
Kostenabweichungen	Ihre Arbeit hat völlig andere Kosten verursacht, als Sie geplant hatten, obwohl eine genauere Planung möglich gewesen wäre.
Fehler, Reklamationen	Bei der Arbeit sind Ihnen Fehler unterlaufen. Es sind Reklamationen über die von Ihnen zu verantwortende Arbeit eingegangen.
Streit	Es gab Streit, der mit größerer Voraussicht, besserer Abstimmung oder mehr Gelassenheit vermeidbar gewesen wäre.
Projektabbrüche	Projekte wurden abgebrochen, Aufträge wurden beendet oder Aufgaben wurden anderen übertragen.
Unfälle	Sie haben Unfälle verschuldet oder waren an ihnen beteiligt. Eventuell haben Sie gegen die Grundregel »aufmerksam sein, langsam fahren und Abstand halten« verstoßen, ohne den Unfall selbst verursacht, aber immerhin begünstigt zu haben.

Wenn Sie Ihre Kennzahlen wissen wollen, können Sie jetzt beginnen, eine entsprechende Statistik zu führen. Je länger Sie das machen, umso aussagekräftiger wird sie sein. Wenn Sie dann Ihre Aufzeichnungen zu diesen Kriterien ehrlich betrachten und analysieren, werden diese mit Sicherheit ihren Nutzen entfalten: Sie sensibilisieren sich selbst dadurch für unprofessionelle Handlungsweisen und werden so immer wieder dazu angeregt, diese zu vermeiden. Mit der Zeit werden sich die Verbesserungen wie von selbst einstellen, und Sie werden immer professioneller werden.

9. Sechs goldene Regeln

Bemühe dich um Klarheit!

Halte dich an Abmachungen!

Denke nach, denke mit, denke voraus!

Arbeite so, dass keine Rückfragen erforderlich sind!

Arbeite so, dass dir niemand hinterherarbeiten muss!

Der Erfolg liegt in der Vorbereitung!

10. Fazit

Nun werden Sie sagen: »Das kann man doch unmöglich alles einhalten!« – »Ja«, sage ich, »stimmt!« Und wie bereits erwähnt, gilt
auch jetzt noch: Unmögliches bleibt unmöglich, aber Mögliches
wird durch Professionalität leichter erreichbar. Auch wenn wir nicht
immer alles umsetzen können und trotz großer Anstrengung so
manches nicht so recht klappen will, ist es ein großer Vorteil, die im
Buch behandelten Zusammenhänge und Wirkweisen zu kennen, zu
verstehen und zu wissen, worauf es in welcher Situation ankommt
und welche Methoden man im Bedarfsfall einsetzen kann.

Natürlich sind nicht alle Tage gleich. Mal kommt man besser zu-
recht, mal weniger gut. Das ist Teil der Realität und ein Profi erkennt
das an. Genauso wie er die eigene Begrenztheit anerkennt. Keiner
kann alles und keiner weiß alles. Wenn wir das leugnen und ständig
nach Perfektion streben, machen wir uns kaputt. Und wie wir gesehen haben, müssen wir diese Perfektion auch nicht anstreben. Denn:
gut genug – das reicht. 70-Prozent-Professionalität ist besser als
50-Prozent-Professionalität, und 50-Prozent-Professionalität ist besser als gar keine Professionalität. Es ist schon eine große Hilfe, wenn
man durch seine Professionalität erkennt, welche Situationen kritisch
sind, und in diesen dann besonders sorgfältig arbeitet, um dabei keine Fehler zu machen und keine Schäden anzurichten.

Die Merkmale der Professionalität – Aufgabentreue, Ergebniszuverlässigkeit, Pünktlichkeit und Vollständigkeit – haben sich als hilfreiche Orientierungspunkte bewährt. Sie sind leicht zu verstehen
und weisen im Tagesgeschäft, bei der Projektarbeit und auch sonst
bei allem, was man tut, den Weg zu professionellem Handeln. Wer
auf sie achtet, versucht, sie zu erfüllen, und außerdem nach Klarheit
strebt, wird ein hohes Maß an Professionalität erreichen, und er wird
es leichter haben und erfolgreicher sein als andere.

Ein Satz aus den Fabeln des Äsop fasst alles zusammen, was ich hier beschrieben habe. Nehmen Sie ihn mit auf Ihren professionellen Weg:

Was auch immer du tust,
tue es klug
und bedenke das Ende.

Äsop, ca. 6. Jh. v. Chr.

Joachim Vogel

Geschäftsprozessentwicklung

Eine Einführung in das
Gestaltung und Darstellen
von Abläufen

Joachim Vogel

Geschäftsprozessentwicklung

Eine Einführung in das Gestalten
und Darstellen von Abläufen

3. überarbeitete Auflage

Geschäftsprozesse beschreiben, was in welcher Reihenfolge von wem wie gemacht werden soll, welche Entscheidungen getroffen werden müssen und welche Dokumente dabei Verwendung finden. Sie führen so zuverlässig zu einem definierten Arbeitsergebnis, das innerhalb einer vorhersagbaren Zeitspanne erreicht wird.

In dieser Anleitung wird an verständlichen und leicht nachvollziehbaren Beispielen erläutert, wie Geschäftsprozesse entwickelt, dokumentiert und installiert werden. Es werden die wichtigsten Erfolgsfaktoren behandelt, die praxistaugliche und dauerhaft stabile Geschäftsprozesse garantieren.